Ullrich Klein

ROSTOCK 1945

Zwölf Monate zwischen Krieg und Neuanfang

Begleitband zur Ausstellung des Kulturhistorischen Museums Rostock

Schriftenreihe des Kulturhistorischen Museums Rostock
Neue Folge 32

HINSTORFF

Grusswort

Vor 80 Jahren stand unsere Stadt vor den Trümmern von zwölf Jahren nationalsozialistischer Diktatur und sechs Jahren Krieg – einem Krieg, den Nazideutschland entfacht hatte und der in ganz Europa zu unfassbarem Leid geführt hat. Rostock hat in dieser Geschichte als wichtiger Rüstungsstandort eine problematische Rolle eingenommen. Bis zuletzt wurden hier tausende Kriegsgefangene und Zivilisten festgehalten und zur Arbeit gezwungen. Und bis zuletzt verfolgte und ermordete das NS-Regime auch in Rostock systematisch unschuldige Menschen. Als die Rote Armee schließlich am 1. Mai 1945 die Stadt befreite und am 8. Mai das Deutsche Reich kapitulierte, endete das dunkelste Kapitel sowohl der deutschen Geschichte als auch der Rostocker Stadtgeschichte.

Es ist wichtig, dass wir uns dieser Geschichte bewusst sind. Das Erinnern an die Verbrechen des Nationalsozialismus, an die Folgen von Krieg und Diktatur muss auch in Rostock immer wieder einen ganz zentralen Platz einnehmen. Ich freue mich daher sehr, dass das Kulturhistorische Museum Rostock in diesem Jahr ein Anlaufpunkt für dieses Erinnern ist.

Die Ausstellung und der vorliegende Katalog widmen sich einem Jahr der Extreme und blicken dabei nicht nur auf den Mai, sondern auf das ganze Jahr 1945. Aus der Perspektive von Januar bis Dezember wird deutlich, welche extremen Erfahrungen dieses Jahr für die Rostockerinnen und Rostocker, für die zahlreichen Geflüchteten und für die Tausenden, die aus Rostocker Gefangenenlagern befreit wurden, mit sich brachte. Das Leben in einer zerstörten Stadt, die letzten Monate in der Diktatur, das Chaos, die Ungewissheit und die Nöte der unmittelbaren Nachkriegszeit sind für uns heute kaum vorstellbar. Umso dankbarer können wir sein, wenn wir neben den eindrucksvollen Exponaten, Bildern und Dokumenten, die in der Ausstellung zu sehen sind, auch Gelegenheit bekommen, Geschichte aus erster Hand zu erfahren.

Gemeinsam mit der Ostsee-Zeitung hat das Kulturhistorische Museum Rostock Zeitzeuginnen und Zeitzeugen zum Jahr 1945 in Rostock befragt. Ich möchte mich bei allen bedanken, die bereit waren, ihre Erinnerungen mit uns zu teilen.

Eva-Maria Kröger
Oberbürgermeisterin
der Hanse- und Universitätsstadt Rostock

Vorwort

Die Sonderausstellung „Rostock 1945“ und der vorliegende Katalog blicken auf zentrale Ereignisse der jüngeren Stadtgeschichte. 1945 war ein Schlüsseljahr. Die letzten vier Monate der nationalsozialistischen Diktatur, die Zerschlagung des NS-Regimes durch die Rote Armee in wenigen Stunden und die ersten Nachkriegsmonate in einer zerstörten Stadt sind Erfahrungen, die auch in Rostock eine ganze Generation prägten.

Auch für unsere Stadt ist das 20. Jahrhundert ein Zeitraum der Extreme und der Gewalt. Es ist eine der großen Stärken stadtgeschichtlicher Museen: Sie sind ein Ort, an dem die Themen der Weltgeschichte konkret werden. Das Kriegsende 1945 ist unbestritten ein zentraler Dreh- und Angelpunkt der globalen Geschichte des 20. Jahrhunderts. Die damit verbundenen Ereignisse haben aber auch in einer Stadt wie Rostock in einer noch heute nachvollziehbaren Umwelt, quasi zwischen Doberaner Platz und dem Neuen Markt, stattgefunden. Auch in Rostock wurden tausende Zwangsarbeiter und Kriegsgefangene festgehalten und zur Arbeit gezwungen. Auch hier wurden aus Nachbarn Opfer und Täter. Und auch hier rissen Nationalsozialismus, Rüstungswahn und Bombenkrieg unwiederbringliche Lücken.

1945 standen die Menschen vor den Trümmern dieses Wahnsinns. Die Spuren von Krieg und Diktatur sind in unserer Stadt heute, 80 Jahre später, noch erkennbar. Jedoch nicht auf den ersten Blick. Die Schuttberge sind verschwunden, die Bombenlücken in der Stadt geschlossen und überbaut. Die Zeitzeugen werden immer weniger. Stadtgeschichtliche Museen wie das Kulturhistorische Museum Rostock sind die Wissensspeicher, in denen diese Erinnerungen bewahrt werden. Ausstellungsprojekte wie „Rostock 1945“ sind das notwendige Forum, wo diese Erinnerungen diskutiert werden. Ein bewusster und aktiver Umgang mit der Vergangenheit unserer Stadt, gerade auch mit den problematischen Themen, ist unverzichtbar, heute mehr denn je.

Mein Dank gilt dem Team des Kulturhistorischen Museums Rostock, insbesondere Ullrich Klein. Es hat diese Ausstellung und den Katalog auf den Weg gebracht.

Dr. Steffen Stuth
Leiter des Kulturhistorischen Museums Rostock

Rostock 1945

Im Januar 1945 tönten in den Trümmern Rostocks noch die Durchhalteparolen der NS-Propaganda. Im Dezember des gleichen Jahres hatten sich die politischen und gesellschaftlichen Verhältnisse in der Stadt vollkommen neu sortiert. In der Zwischenzeit erlebten die Menschen den Zusammenbruch der NS-Diktatur, die Befreiung durch die Rote Armee, die Erleichterung über den Frieden, aber auch Monate der Ungewissheit und des Mangels.

Das Jahr 1945 hat in unserer Erinnerungskultur einen besonderen Stellenwert. Es markiert das Ende des dunkelsten Kapitels unserer Geschichte und ist Zäsur in unzähligen Biografien, für das Land als Ganzes wie auch für Rostock.

Manche Hoffnungen, die in dieser Zäsur lagen, haben sich nicht erfüllt. Und hinter den offensichtlichen Umbrüchen blieben einige Kontinuitäten verborgen, die es bis heute zu diskutieren gilt.

In der Ausstellung kommen diejenigen zu Wort, die das Jahr 1945 in Rostock noch selbst erlebt haben. Sie teilen mit uns ihre Erinnerungen – 80 Jahre nach den Ereignissen. Was sie zu erzählen haben, sind Geschichten eines Alltags im Ausnahmezustand. Vieles davon bleibt fragmentarisch. Auch die Akten, Fotos und Berichte, die in die Ausstellung Eingang gefunden haben, repräsentieren kein vollständiges Bild. Sie bleiben eine Annäherung.

Rostock, Innenstadt zwischen
Stadthafen und Langer Straße
Rostock, 1942
Fotograf unbekannt
Rostock, Stadtarchiv

Januar

Seit den schweren Angriffen im April 1942 war Rostock in weiten Teilen zu einer Ruinenlandschaft geworden. Die letzten Bomben hatten im August 1944 die Flugzeugfabriken in Marienehe und Warnemünde getroffen. Nun galt die Stadt für die Alliierten nicht mehr als lohnendes Ziel. Trotzdem gehörten Fliegeralarme und die Zuflucht in Schutzbunkern zum Alltag.

Am 12. Januar setzte die Rote Armee zu einem Großangriff in Richtung Oder an. Als sie am 27. Januar Auschwitz befreite, wurden für die Weltöffentlichkeit die verbrecherischen Abgründe der nationalsozialistischen Herrschaft immer deutlicher.

Auch der Alltag in der Stadt stand längst im Zeichen des Zusammenbruchs. Ab dem 23. Januar wurde der Zugverkehr drastisch eingeschränkt. In der großangelegten Volksopferaktion sammelte man bis Mitte Februar auch in Rostock Stoffe für die Uniformen des Volkssturms.

Lange Straße
Rostock, vor 1945
Rostock, Stadtarchiv

Musterstadt in Trümmern

Den Aufstieg Rostocks zur Großstadt hatte man 1935 glanzvoll in Szene gesetzt. Die Rüstungsindustrie führte in den 30er-Jahren zu einem rasanten Wachstum. Bei den Heinkel Flugzeugwerken in Marienehe produzierten 1939 über 10 000 Menschen Bombenflugzeuge für den deutschen Angriffskrieg.

Auch wenn Schwerin die Hauptstadt des Gaues Mecklenburg blieb, wurde Rostock nicht nur wirtschaftlich zu einem Zentrum der nationalsozialistischen Herrschaft. Im Hansaviertel entstand ein imposantes Gauparteitagsgelände für politische Großveranstaltungen und die Kulturwochen inszenierten den Nationalsozialismus als Förderer städtischer Traditionen.

Hinter dieser Kulisse hatte man die Stadtverwaltung gleichgeschaltet, die jüdische Bevölkerung terrorisiert und in Vernichtungslager verschleppt. Ab 1941 lebten in Rostock tausende Zwangsarbeiter, die in der Rüstungsindustrie eingesetzt wurden.

Nach den verheerenden Bombenangriffen im April 1942 hatte sich das Gesicht der Musterstadt dramatisch gewandelt. Nur etwa ein Drittel der Wohnhäuser sollte den Krieg unbeschadet überstehen.

Marienkirche und östliche Altstadt von oben
Rostock, 1944
Fotograf unbekannt
Bildarchiv Foto Marburg

Zerstörungsbild der Altstadt, Fischbank und Wollenweberstraße
Rostock, April 1942
Foto: Paul Wagner
Rostock, Kulturhistorisches Museum Rostock PH 1279

Blick auf die zerstörte Altstadt vom Turm der Marienkirche
Rostock, 1942
Foto: Paul Wagner
Rostock, Kulturhistorisches Museum PH 1277

Blick auf die Marienkirche
Rostock, September 1944
Fotograf unbekannt
Rostock, Kulturhistorisches
Museum PH 212

Blick auf das Rathaus und die zerstörte Bebauung am Neuen Markt
Rostock, November 1944
Fotograf unbekannt
Rostock, Kulturhistorisches Museum PH 191

Nur wenige Wochen nach den schweren Bombenangriffen hatten in der Stadt die Aufräumarbeiten begonnen. Den überwiegenden Teil der Ruinen ließ man bis auf die Grundmauern abtragen. Fassaden wurden provisorisch gesichert und brauchbare Mauersteine geborgen.

Trümmerfeld an der Kistenmacherstraße
Rostock, 1942
Foto: Paul Wagner
Rostock, Kulturhistorisches Museum PH 1276

Die zerstörte Kuhstraße von der Kröpeliner Straße aus gesehen
Rostock, 1942
Foto: Paul Wagner
Rostock, Kulturhistorisches Museum PH 2298

DREI TONNEN SPRENGSTOFF

wurden auf einem Flugplatz zurückgelassen, um diese Flugblätter abzuwerfen. Ein Flugzeug hat den langen Weg hierher mit keiner anderen Last als Flugblättern zurückgelegt. Warum?

Muss der Feind vielleicht mit Bomben sparen? Du weisst: Die Alliierten haben genug Flugzeuge und Bomben, um den verschärften Bombenkrieg noch weiter zu verschärfen.

Nein - diese Flugblätter sollen nicht Leben vernichten sondern Leben retten. Lies dieses Blatt daher genau. Es enthält umseitig drei wichtige Anweisungen für Dich und die Deinen.

WARNUNG: Flugzeuge können nicht immer rechtzeitig Anweisungen und Ratschläge an die Zivilbevölkerung abwerfen. In Deinem eigenen Interesse, schalte daher Radio London, Moskau oder Luxemburg ein. Unterrichte Dich und Deine Nachbarn über die Warnungen, Befehle und Anweisungen der anrückenden alliierten Heere.

Diese Anweisungen sind dazu bestimmt, den Krieg zu verkürzen und unnötiges Blutvergiessen zu vermeiden.

WENDEN ▶

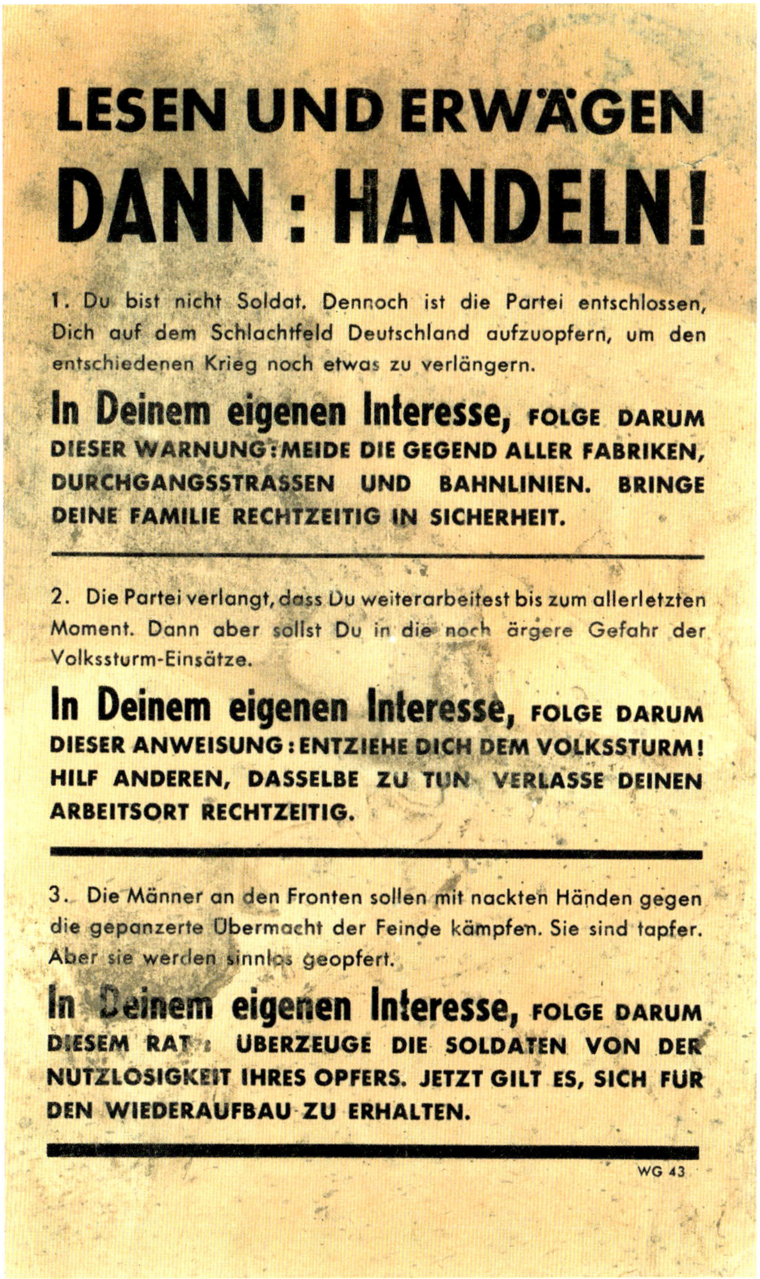

LESEN UND ERWÄGEN

DANN : HANDELN !

1. Du bist nicht Soldat. Dennoch ist die Partei entschlossen, Dich auf dem Schlachtfeld Deutschland aufzuopfern, um den entschiedenen Krieg noch etwas zu verlängern.

In Deinem eigenen Interesse, FOLGE DARUM DIESER WARNUNG: MEIDE DIE GEGEND ALLER FABRIKEN, DURCHGANGSSTRASSEN UND BAHNLINIEN. BRINGE DEINE FAMILIE RECHTZEITIG IN SICHERHEIT.

---

2. Die Partei verlangt, dass Du weiterarbeitest bis zum allerletzten Moment. Dann aber sollst Du in die noch ärgere Gefahr der Volkssturm-Einsätze.

In Deinem eigenen Interesse, FOLGE DARUM DIESER ANWEISUNG : ENTZIEHE DICH DEM VOLKSSTURM! HILF ANDEREN, DASSELBE ZU TUN. VERLASSE DEINEN ARBEITSORT RECHTZEITIG.

---

3. Die Männer an den Fronten sollen mit nackten Händen gegen die gepanzerte Übermacht der Feinde kämpfen. Sie sind tapfer. Aber sie werden sinnlos geopfert.

In Deinem eigenen Interesse, FOLGE DARUM DIESEM RAT: ÜBERZEUGE DIE SOLDATEN VON DER NUTZLOSIGKEIT IHRES OPFERS. JETZT GILT ES, SICH FÜR DEN WIEDERAUFBAU ZU ERHALTEN.

WG 43

Abgeworfenes alliiertes Flugblatt (Vorder- und Rückseite)
Rostock, um 1944
Druck
Rostock, Stadtarchiv
3.10. 2.4.7

Titelbild des Buches „Rostocks Aufstieg zur Großstadt“
Rostock, 1935
Herausgegeben vom Rat der Seestadt Rostock, Presse und Propagandastelle
Druck: Adlers Erben
Rostock, Kulturhistorisches Museum

Die Stadtverwaltung war spätestens mit der Neuordnung der Kommunalverwaltung im April 1935 gleichgeschaltet. An ihrer Spitze stand mit Walter Volgmann weniger ein fähiger Kommunalpolitiker als vielmehr ein überzeugter Nationalsozialist. Die Stadtverordnetenversammlung wurde durch einen Gemeinderat ersetzt, dessen Mitglieder alle der NSDAP angehörten. Nach zwei Jahren feierte man die NS-Kommunalpolitik in einem eigens herausgegebenen Buch. Vor allem das Erreichen der Hunderttausend-Einwohner-Marke wurde als sozialpolitischer Erfolg inszeniert. Es war jedoch in erster Linie das Ergebnis der raschen Expansion der Flugzeugfabriken in Rostocks Nordwesten.

Abzeichen zum Gautag der NSDAP Mecklenburg
8. bis 11. Juni 1939 in Rostock
Rostock, 1939
Messing
Rostock, Kulturhistorisches Museum, G 4433, 2-1-131

In der Inszenierung der nationalsozialistischen Herrschaft nahmen Massenveranstaltungen eine wichtige Rolle ein. Nach dem Vorbild der Reichsparteitage waren die Gauparteitage regionale Großereignisse. Zwischen dem 8. und dem 11. Juni versammelten sich 1939 auf dem Aufmarschgelände im Hansaviertel bis zu 30 000 Menschen.

Programm der 2. Rostocker Kultur-Woche
Rostock, 1935
Druck: Adlers Erben
Rostock, Kulturhistorisches Museum V 23850

Mit den Rostocker Kultur-Wochen zelebrierte die NS-Führung den ideologischen Schulterschluss mit der städtischen Kulturszene. Ab 1934 gemeinsam von Stadtverwaltung und NSDAP-Kreisleitung organisiert, umfassten sie Konzerte, Opern, Schauspiele, Vorträge und Ausstellungen.

Geschossfragmente
Rostock, 1942
Metall
Rostock, Kulturhistorisches Museum, R 67 a,b

Sie wurden sorgsam als Andenken aufgesammelt. Die zwei Geschossfragmente stammen augenscheinlich aus den Bombennächten 1942. Eine eindeutige Zuordnung ist allerdings schwierig. Das größere Stück lässt anhand der Stärke und der noch sichtbaren Rillen auf ein Fragment einer Flakgranate schließen. Das kleinere Stück ist vermutlich Teil einer über der Stadt abgeworfenen Sprengbombe.

Durch Feuer verzogene Kassette aus einer Privatwohnung
Rostock, zerstört 1942
Metall
Rostock, Kulturhistorisches Museum, R 76

Nach den Bombenangriffen im April 1942 stellte Rostock für eine Zeit die am schwersten zerstörte Stadt im Deutschen Reich dar. Zwischen 30000 und 40000 Menschen waren obdachlos geworden. Am Ende des Krieges stand eine ernüchternde Bilanz. Von 256 öffentlichen Gebäuden lagen 50 in Trümmern. Von insgesamt 10535 Wohnhäusern galten 2611 als völlig zerstört und 6735 als beschädigt.

Rostocker Anzeiger, 31. Januar 1945

“

Die Rekruten einer Artillerieabteilung wurden am Dienstag feierlich vereidigt. Zu Ihnen sprach Kreisleiter Dettmann über die Bedeutung des 30. Januar und den Sinn des Lebenskampfes des deutschen Volkes. Anschließend wies der Abteilungskommandeur die jungen Rekruten aus Mecklenburg und Pommern auf die Bedeutung des Fahneneides hin und nach der Eidesleistung empfingen sie ihre Waffen aus den Händen von Rüstungsarbeitern.

Süsse Giorgia,

alles entwickelt sich hier entsprechend meinen Erwartungen. Der Dienst wird straffer von Tag zu Tag – es hat sich inzwischen so gut wie entschieden: Wir werden im Osten eingesetzt, wahrscheinlich bald. Ich sage dir über mein tägliches Leben hier nicht ein Wort. Du kannst dir dieses Leben selber schon vorstellen. [….]

Zwar habe ich immer kalte und nasse Füße, fühle mich sonst aber recht gesund. Im Augenblick der Ungestörtheit schließe ich die Augen und sehe Euch, meine Süssen, vor mir, und viele Erinnerungen an schön zusammen verlebte Stunden steigen mir auf. Die geben mir Kraft für meinen armen Soldaten-Alltag. Sei mir gut, ich denke an Dich mit Liebe und voller Dankbarkeit. Küsse mir die süssen Eva und

Küsschen Vati

Feldpostbrief eines Rostockers
Leihgabe von privat

Stadtarchiv Rostock. 20.3. - 418 - Luftschutz, Fliegerangriffe, kriegsbedingte Anordnungen

Schwerin 19. Januar

Der Reichsverteidigungskommissar
für den Reichsverteidigungsbezirk

Um der Spinnstoffsammlung das gewünschte Außmaß zu geben, ersuche ich alle in den Büros nicht dringend benötigten Spinnstoffe für diese Sammlung abzugeben. Dazu gehören auch die Vorhänge, Überfälle der Gardinen und Übergardinen. Ferner sind abzuliefern Teppiche, Läufer und vor allen Dingen die grünen Tischdecken, auch die gepolsterten Stühle, die auf Lägern stehen oder sonst nicht gebraucht werden. Dekorationen aller Art und alle vorhandenen spinnstoffhaltigen Vorräte. Die Flaggen, die die Dienststelle besitzt, verbleiben natürlich in ihrem Besitz.

Es muß von dem Gedanken ausgegangen werden, daß es jetzt darauf ankommt, dem Vaterlande alles zur Verfügung zu stellen zum Endsieg. Nach dem Kriege sind wir in der Lage, alles wieder zu beschaffen. In diesem Augenblick aber dienen diese Stoffe dem Vaterlande zur Herstellung von Uniformen und Zivilkleidung besser.

Ausgeschlossen von der Abgabe sind Verdunklungsvorhänge , die zur Verdunklung benötigt werden, sowie weiße Gardinen, die die Sicht in die Räume verhindern. Ausgeschlossen sind ferner antike Möbel und wertvolle Teppiche und Brücken.

Der Reichsverteidigungskommissar
gez Hildebrandt

Februar

Während die Propaganda weiter den Endsieg beschwor, zeichnete sich die endgültige militärische Niederlage längst deutlich ab. In Jalta besprachen die Alliierten bereits die Nachkriegsordnung für Europa. Für die Zivilbevölkerung im Deutschen Reich allerdings war der Krieg in den kommenden Wochen und Monaten näher und tödlicher als je zuvor.

Zwischen dem 13. und 15. Februar legten schwere Bombenangriffe Dresden in Schutt und Asche. Am 23. Februar wurde die Altstadt von Pforzheim fast vollständig zerstört. In Polen rückten die sowjetischen Streitkräfte unaufhaltsam vor. Dabei trieben sie hunderttausende Flüchtende vor sich her. Diese kamen auch zu Tausenden in Rostock an. Am Hafen in Warnemünde liefen regelmäßig Evakuierungstransporte aus Ostpreußen und Pommern ein. Flüchtlingstrecks gehörten zum alltäglichen Straßenbild.

Luftaufnahme der Ernst Heinkel Flugzeugwerke in Rostock-Marienehe
Rostock, 1944
Fotograf unbekannt
Bildarchiv Foto Marburg

Seit 1942 waren die Ernst Heinkel Flugzeugwerke regelmäßig das Ziel von Bombenangriffen. Am 4. und am 25. August 1944 warfen amerikanische Flugzeuge insgesamt 600 Sprengbomben und 8000 Brandbomben auf die Hallen und Flugfelder ab. Es waren die letzten Angriffe auf das Werk. Am Ende des Krieges glich das Areal einer Kraterlandschaft. Trotzdem wurden in den Anlagen weiter Flugzeuge gebaut.

Verschleppt nach Rostock

Zwangsarbeit war ein fester Bestandteil der Rostocker Wirtschaft geworden. Beim wichtigsten Unternehmen der Stadt, den Heinkel Flugzeugwerken, zählte man im Frühjahr 1943 1 600 Kriegsgefangene und 6 700 zivile ausländische Zwangsarbeiter. Doch nicht nur in Großbetrieben der Rüstung, auch in kleineren Unternehmen und Geschäften wurden systematisch Zwangsarbeiter eingesetzt. Ende 1943 befanden sich mehr als 14 000 ausländische Gefangene in der Stadt und machten damit über 10 Prozent der Bevölkerung aus.

Ihre Unterbringung prägte das Bild Rostocks. Circa 40 Lager gab es über die Stadt verteilt. Die Menschen lebten hier über Monate und Jahre auf beengtem Raum. Vor allem Gefangene aus Osteuropa wurden unter unmenschlichen Bedingungen festgehalten. Es fehlte an ausreichender Hygiene, medizinischer Versorgung, Bekleidung und Ernährung. Die Todeszahlen sind nicht vollständig dokumentiert, gingen aber in die Hunderte.

Auch das Rostocker Umland war in das System einbezogen. Insbesondere die Heinkelwerke hatten nach den Bombenangriffen 1942 Teile der Produktion in die Umgegend ausgelagert. In Barth entstand ein Außenlager des KZs Ravensbrück. Hier wurden zwischen 1943 und 1945 von etwa 7 000 Häftlingen Flugzeugteile für Heinkel produziert und direkt nach Rostock gebracht. Auch in Schwarzenpfost bei Rövershagen befand sich ein Außenlager Ravensbrücks.

„Ostarbeiterlager" in Dierkow
Rostock, 1944
Luftbild: Fotograf unbekannt
Bildarchiv Foto Marburg

In Marienehe, Dierkow, der Carl-Hopp-Straße, in der Stadtweide und auf dem Aufmarschgelände gab es insgesamt sieben große Gemeinschaftslager. Andere Großlager befanden sich unmittelbar bei den zentralen Rüstungsbetrieben. Auf dem Gelände der Heinkelwerke gab es zum Beispiel eines für bis zu 2 000 Gefangene, auf dem Areal der Neptunwerft wurden 1400 Menschen gefangen gehalten. Doch auch zahlreiche andere Unternehmen hatten firmeneigene Zwangsarbeiterunterkünfte, wie etwa das Reichsbahnausbesserungswerk, die Krögerwerft, die Maschinenfabrik Lange oder die Bonbonfabrik Sollich.

Sogenanntes Russenkästchen
Rostock, 1943
Holz, Stroh
Rostock, Kulturhistorisches Museum R 547

Aus den Lagern und Arbeitsstätten der Zwangsarbeiter sollte nichts nach außen dringen. Kontakte mit der Bevölkerung waren verboten, vor allem für sogenannte Ostarbeiter aus Polen oder der Sowjetunion. Trotzdem gab es sie. In Rostock sind sogenannte Russenkästchen überliefert. Diese kunstvollen Holzarbeiten wurden von sowjetischen Kriegsgefangenen handgefertigt und heimlich gegen Brot getauscht. In den Rostocker Haushalten waren sie beliebte Schmuckstücke. Die Lagerinsassen versuchten mit solchen verbotenen Geschäften angesichts der unzureichenden Versorgung ihre Not kurzzeitig zu lindern.

Barackenlager in der Thierfelderstraße und in den Barnstorfer Anlagen nahe dem Aufmarschgelände
Rostock, 1944
Luftbild: Fotograf unbekannt
Bildarchiv Foto Marburg

Aus: Walter Kempowski: Tadellöser & Wolff. Ein bürgerlicher Roman.

Durch die Friedrich-Friedrich-Franz-Straße zog ein endloser Flüchtlingstreck, Tag und Nacht, ohne Unterbrechung. Von Dr. Krauses Wohnzimmer aus konnte man das schön beobachten. Aber hinter den Gardinen sitzen, damit die das nicht sehen.

Die Pferde nickend, mit Dampf vor dem Maul, manchmal hinter dem Wagen, zwei, drei zur Reserve, in erbarmungswürdigem Zustand. Oben drauf kleine Hütten, rasch zusammengetischlert, Heu für Pferde drum herum.

(Unter der Achse liefen Hunde mit.)

Junge Mädchen zu Fuß, mit Kindern an der Hand, auf dem Bürgersteig nebenher.
Menschen, die zusammengehörten, in großen Kolonnen, Rittergüter vermutlich oder Dorfgemeinschaften.
[…]

Und ein Mann, der sich selbst vor eine zweirädrige Karre gespannt hatte. Daß dem keiner mal schieben half.

Alle stumm, nur das Knirschen der Räder. Und keiner von der Partei, der sie willkommen geheißen hätte.

“

Feldpost an eine Warnemünder Familie
Heimatmuseum Warnemünde, WA/Z/5837

Meine liebe Reni

Wir befinden uns mit allem Drum und Dran auf großer Fahrt. Wohin? Das ist eben die große Frage. Doch es geht wohl in den Osten, das heißt Pommern oder Oberschlesien. Da werden wir mal einen anderen Gegner vor uns haben. Ich kenne ihn ja noch nicht, aber Kameraden, die schon in Rußland dabei waren. Wären lieber im Westen geblieben. Na, wir werden alles an uns herankommen lassen. Ein Pardon gibt es ja sowieso nicht mehr. Es kommt nun drauf an, was der Tommy im Westen unternehmen wird. Ob wir das alles bewältigen können? Wir werden aber auf jeden Fall den Riemen enger schnallen müssen, denn mit der Verpflegung ist es, nachdem wir doch soviel Land aufgeben mussten, ein großes Problem geworden. Und damit ist glaube ich auch die Länge des Krieges entschieden. Wir werden sehen.

Herzliche Grüße und Küsse von eurem lieben Vati

Joseph Goebbels im Niederdeutschen Beobachter vom 28. Februar 1945

Verfrühter Siegesjubel der Feinde

Wir haben im Osten eine neue Verteidigungslinie aufgebaut, die sowohl für die aktuellen Zwecke als auch für die kommenden Operationen nur provisorischen Charakter hat. Es ist klar, daß wir uns die Gebiete, die wir verloren haben, zurückholen werden und müssen, wann und wie, darüber kann natürlich heute noch nicht öffentlich gesprochen werden, aber unsere Entschlossenheit dazu ist fest und unerschütterlich. Unsere Feinde jubilieren, wie so oft schon in diesem Kriege, zu früh, wenn sie meinten, es sei ihnen gelungen, dem Reich das Rückgrat zu brechen. Der Krieg ist noch nicht zu Ende und er wird auf solche Weise überhaupt nicht zu Ende gehen. Ein 90-Millionen-volk, das, durch die furchtbaren Beispiele bolschewistischer Greueltaten in seinen vom Feind besetzten Ostgebieten erneut belehrt, sein zu erwartendes Schicksal nach einer Erlahmung seiner wirtschaftlichen oder politischen Widerstandskraft vor Augen hat, wird, wenn es noch einen Funken Ehre und Lebenswillen in sich verspürt, überhaupt niemals seine Sache aufgeben und die Waffen niederlegen. Es kämpft um sein Dasein, wo sich nur eine Gelegenheit dazu bietet.

1. März 1945

Auszug aus dem Tagebuch des damals 16-jährigen Schülers Peter-Erik Kobermann
Aus: Bohl, Keipke, Schröder: Bomben auf Rostock. Rostock 1995.

Nach mehreren öffentlichen Luftwarnungen wieder Fliegeralarm. Im Februar mußten wir fast täglich in den Luftschutzkeller. Auf dem Weg zum Eiskeller von „M&O“ knatterten bereits die Flak-geschütze. Wir rannten schnell zu. Man kann ja nie wissen. Der Alarm währte fast drei Stunden. Wieder einmal mächtig Kohldampf geschoben. Die Lebensmittelrationen wurden geringer. Oma sagt: Ich weiß nicht mehr, was ich euch auf den Tisch bringen soll.

März

Ende März überquerten die amerikanischen Streitkräfte den Rhein. Die Rote Armee sammelte sich an der Oder für eine letzte große Offensive. In Rostock begannen indes Vorbereitungen für einen aussichtslosen Kampf. Die Stadt sollte verteidigt werden. Gräben und Panzersperren wurden errichtet. Die Bevölkerung schwor man auf den sogenannten Endsieg ein.

Am 6. März wurde der Schulunterricht komplett eingestellt. Bereits seit Anfang des Jahres fand er nur noch unregelmäßig statt. Viele Kinder und Jugendliche waren allerdings bereits seit Monaten nicht mehr in Rostock zur Schule gegangen. Um sie vor Bombenangriffen zu schützen, hatte man einen Großteil von ihnen im Zuge der sogenannten Kinderlandverschickung in andere Kreise evakuiert. Angesichts der nahenden Front kehrten viele von ihnen zu ihren Familien zurück.

Am 26. März wurden die 14-Jährigen in einem Festakt von NSDAP-Kreisleiter Dettmann zum Bund Deutscher Mädel und zur Hitlerjugend verpflichtet.

Marienkirche von Osten
Rostock, nach 1942
Fotograf: unbekannt
Rostock, Stadtarchiv 3.02. 3. 12323

Flucht nach Rostock

Bereits im Oktober 1944 waren vor der Roten Armee etwa 500 000 Menschen geflohen. Als diese nun im Januar 1945 mit ungeahntem Tempo Richtung Oder vorstieß, machten sich Millionen auf den Weg – überstürzt und kaum organisiert. Hunderttausende, denen der Weg über Elbing plötzlich abgeschnitten war, versuchten über den Ostseehafen Pillau ein Schiff Richtung Westen zu erreichen.

Die Flüchtlingstrecks aus Ost- und Westpreußen erreichten Anfang des Jahres Mecklenburg und so auch Rostock. Im Januar hatten die städtischen Polizeibehörden noch 274 Flüchtende aus den Ostgebieten registriert. Im Februar stieg diese Zahl auf 5 165 und bis April auf insgesamt 12 722. Die meisten wurden jedoch gar nicht erfasst und zogen in endlosen Trecks durch Rostock weiter Richtung Westen. Auch der Warnemünder Hafen war das Ziel zahlreicher Transporte. Am 13. April legte zum Beispiel der Passagierdampfer DEUTSCHLAND mit 9 000 Flüchtenden und 3 000 Verwundeten an.

In Rostock kamen die Geflüchteten zum Teil in privaten Wohnungen unter. Andere wurden in Schulen und Barackenlagern einquartiert. Die Ankommenden hatten oft viel hinter sich. Unter den teils wochenlangen Fußmärschen, dem harten Winter und der ständigen Gefahr des nahenden Krieges hatten vor allem Alte und Kinder gelitten. Von den 453 Geflüchteten, die bis April in Rostock verstarben, waren allein 190 unter 6 Jahre alt.

Flüchtlinge in Ostpreußen
1945
Fotograf unbekannt
bpk/Deutsches Historisches Museum F 85/229

Rucksack
um 1940
Leinen, handgenäht
Rostock, Kulturhistorisches Museum D 5809

Lieber Ernst, Rostock, 23.03.1945

lange habe ich geschwiegen, aber in Gedanken bin ich mehr in Jarchau, denn alles was westlich der Elbe liegt, erscheint uns zum Osten Verurteilten schon wie ein verschlossenes Paradies.

Dabei wirst du kaum den jetzigen Zustand deines Orts für paradiesisch halten. Ich fürchte unter dem Flüchtlingsstrom habt ihr mehr zu leiden. Hier ziehen sie ja meist nur durch und gehören schon zum gewohnten Strassenbild. Einquartiert ist bei uns nur eine Frau mit Kind, die Arbeit genug für meine Frau mitbringt. Aber uns sind noch zwei Räume geblieben. Auch sonst geht es uns noch gut und jeder stille Tag ist wie ein Wunder.

Doch hinter allem, was man tut und denkt, steht die quälende Frage: was wird geschehen, was sollen wir tun? Ich muss als Volksturm hier bleiben und die Festung heldenmütig verteidigen. Meine Frau dagegen wird sich kaum bis zuletzt hier halten können. Anderseits sehen wir von dem Elend der Landstraße genug, um es für uns nicht zu wünschen.
Alles hängt für uns davon ab, ob Stettin und die Oderlinie noch gehalten werden. Mehr als einen Aufschub zu erwarten, wäre Selbsttäuschung, aber auch ein Aufschub könnte uns retten.

Über die Elbe wird Stalins Arm wohl kaum greifen. So denke ich mir, dass Ihr einigermaßen geschützt seid und höchstens eine Besetzung ohne Kampfhandlung zu befürchten habt. Danach freilich droht uns allen der Hunger. Alles unvorstellbar. Doch wir dürfen Hoffnung und Glauben nicht verlieren und müssen noch lernen, ohne Furcht ins Ungewisse hinein zu gehen. Manche Lektion wird uns wohl noch aufgegeben, ach man möchte so gern Ruhe haben und befreit sein von dem langen Druck.

Mehr als je bedrücken mich auch Fragen des Bergens und des Umlagerns geborgener Schätze unter der neuen Lage. Unsere eigenen Sachen in einiger Sicherheit bei dir zu wissen, beruhigt uns immerhin etwas. Dazu schicken wir noch in westlicher Richtung Pakete, um bei etwa doch notwendiger Flucht weniger beladen zu sein.

In Großem und Ganzen aber sieht man untätig dem Geschehen zu – wie das Kaninchen unter dem lähmenden Blick der Riesenschlange.

Museumsdirektor Arnold Gräbke an Ernst Becks
Stadtarchiv Rostock, 1.4.12. - Hans Arnold Gräbke -1

April

Das Deutsche Reich brach endgültig zusammen. Sowjetische Truppen begannen am 16. April eine Großoffensive über die Oder Richtung Berlin. Vier Tage später startete im Norden die 2. Belorussische Front mit mehr als 30 Divisionen die „Stettin-Rostocker Operation“. Der Gau Mecklenburg war die letzte Region des Deutschen Reiches, die alliierte Bodentruppen erreichten. Als sowjetische Einheiten am 28. April Neustrelitz und Neubrandenburg einnahmen, wurde in Berlin bereits um den Alexanderplatz gekämpft.

In Rostock mimte man Normalität. In den Flugzeugfabriken der Stadt wurde bis zum letzten Tag des Krieges gearbeitet. An der Medizinischen Fakultät der Universität beendeten am 26. April 32 Studierende ihr Promotionsverfahren.

Und doch mehrten sich die Zeichen des baldigen Endes. Ab dem 21. April begann die NSDAP, die Evakuierung der Stadt vorzubereiten. Als sich am 30. April ein großer Teil der Wehrmacht Richtung Westen absetzte, gab es in Rostock Tumulte und Plünderungen. In Groß Schwaß wurden die Depots des Heeresversorgungsamtes, in Warnemünde Marinedepots geplündert. Dort liefen am 30. April und am 1. Mai noch insgesamt elf Schiffe Richtung Schleswig-Holstein und Dänemark aus.

Molkenstraße
Rostock, 1942
Fotograf unbekannt
Rostock, Stadtarchiv 3.02.3

Täter und Opfer

Der Terror der Nationalsozialisten gegen die eigene Bevölkerung hielt bis in die letzten Momente ihrer Herrschaft an. Noch in der Nacht zum 1. Mai 1945 wurde in Rostock ein Versuch von Gestapo und SS, in einer Mordaktion über 150 bekannte Antifaschisten umzubringen, nur knapp vereitelt. Die Namensliste war bekannt geworden und die potentiellen Opfer konnten sich verstecken. Sie überlebten den Nationalsozialismus. Viele andere nicht.

Unmittelbar nach der Machtergreifung hatte die NSDAP in Rostock – wie überall im Deutschen Reich – begonnen, gesellschaftliche und demokratische Institutionen gleichzuschalten und Gegner brutal zu verfolgen. Auch hier kam es im März 1933 zu ersten Verhaftungen und auch in Rostock schaute die Mehrheit der Bevölkerung weg. Die gesellschaftliche und politische Opposition musste in den kommenden zwölf Jahren ständige Verfolgung und Repressalien erleiden.

Die jüdische Gemeinde Rostock zählte Ende 1932 noch 358 Mitglieder. Ab 1933 wurden sie erst drangsaliert, boykottiert, zur Ausreise gedrängt und dann ab 1942 verfolgt, deportiert und vielfach ermordet. Über 120 Mitglieder der Rostocker jüdischen Gemeinde verloren ihr Leben. Im April 1945 gab es in der Stadt lediglich 14 Überlebende.

Zu den letzten Opfern des Regimes zählten die Rostocker Kommunisten Ernst Koch, Heinrich Werth und Otto von Zschock, die als Inhaftierte des KZs Neuengamme Anfang Mai 1945 in der Lübecker Bucht auf die CAP ARKONA getrieben wurden – jenes ungekennzeichnete Schiff, das am 3. Mai britische Bomber irrtümlich versenkten.

Brennende Synagoge in der Augustenstraße
Rostock, 1938
Fotograf unbekannt
Rostock, Sammlung Jan-Peter Schulze

Am Morgen des 10. November 1938 griffen SA- und SS-Trupps die Synagoge in der Augustenstraße an und brannten sie nieder. Auch jüdische Geschäfte und Privatwohnungen wurden attackiert und der jüdische Friedhof geschändet. Es war die nächste Eskalation in der Gewalt gegen Jüdinnen und Juden, nachdem man viele bereits in den Jahren zuvor ihrer wirtschaftlichen und gesellschaftlichen Stellung beraubt hatte.

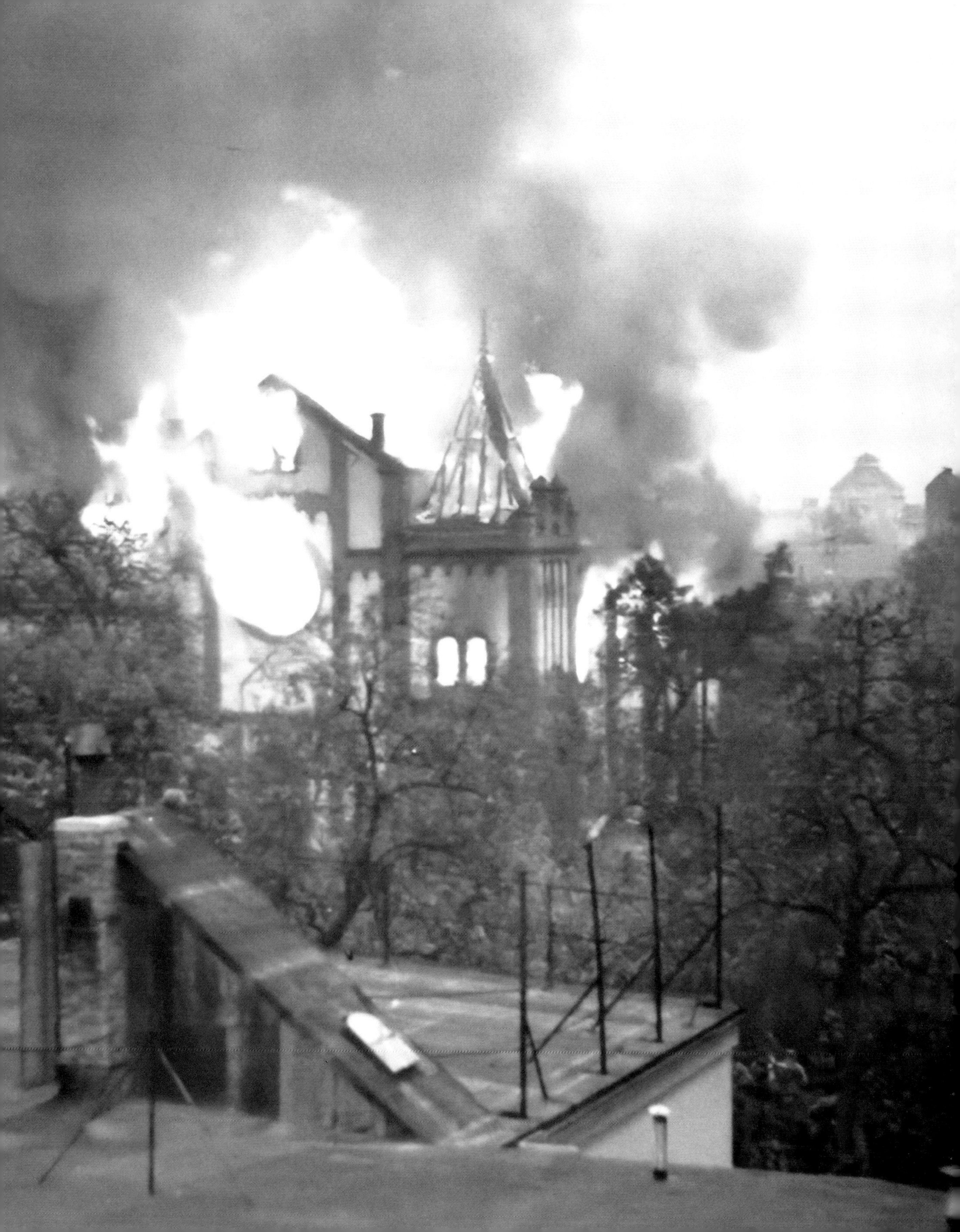

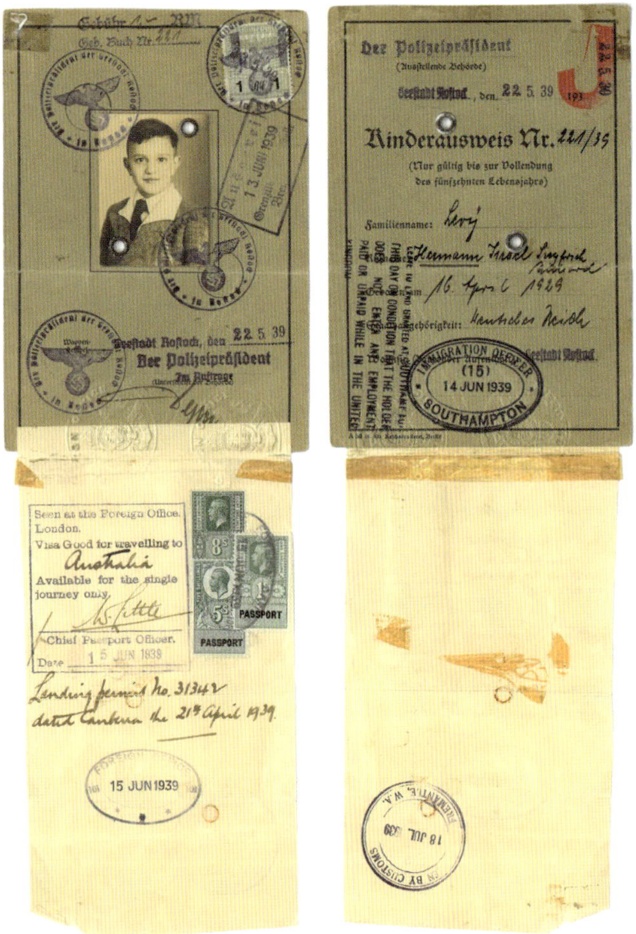

Gebühr 1.– RM
Geb. Buch Nr. 221

Seestadt Rostock, den 22. 5. 39
Der Polizeipräsident
Im Auftrage

Seen at the Foreign Office, London.
Visa Good for travelling to Australia
Available for the single journey only.
Chief Passport Officer.
Date 15 JUN 1939

Landing permit No. 31342
dated Canberra the 21st April 1939.

15 JUN 1939

Der Polizeipräsident
(Ausstellende Behörde)
Seestadt Rostock, den 22. 5. 39

Kinderausweis Nr. 221/39
(Nur gültig bis zur Vollendung des fünfzehnten Lebensjahres)

Familienname: Levy
Hermann Israel Siegfried
16. April 1929
Deutsches Reich

IMMIGRATION OFFICER
(15)
14 JUN 1939
SOUTHAMPTON

18 JUL 1939

Ausweis von Herrmann Levy
Rostock, 22. Mai 1939
Druck: Reichsdruckerei Berlin
Rostock, Max-Samuel-Haus

Schreiben von Anna Levy an ihren Bruder Herrmann
Rostock, 11. Februar 1943
Rostock, Max-Samuel-Haus

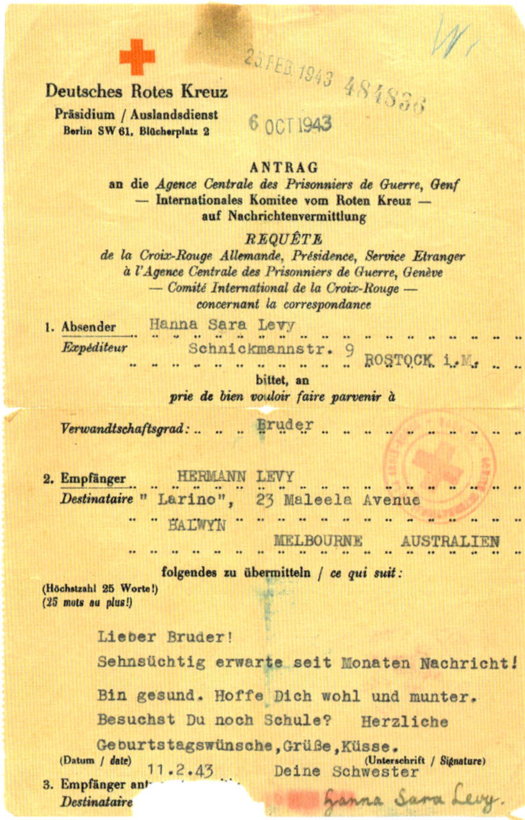

Deutsches Rotes Kreuz
Präsidium / Auslandsdienst
Berlin SW 61, Blücherplatz 2

23 FEB 1943 484836
6 OCT 1943

ANTRAG
an die *Agence Centrale des Prisonniers de Guerre, Genf*
— Internationales Komitee vom Roten Kreuz —
auf Nachrichtenvermittlung

REQUÊTE
de la Croix-Rouge Allemande, Présidence, Service Etranger
à l'Agence Centrale des Prisonniers de Guerre, Genève
— Comité International de la Croix-Rouge —
concernant la correspondance

1. Absender / *Expéditeur* Hanna Sara Levy
Schnickmannstr. 9 ROSTOCK i.M.
bittet, an / *prie de bien vouloir faire parvenir à*

Verwandtschaftsgrad: Bruder

2. Empfänger / *Destinataire* HERMANN LEVY
" Larino", 23 Maleela Avenue
BALWYN
MELBOURNE AUSTRALIEN

folgendes zu übermitteln / *ce qui suit:*
(Höchstzahl 25 Worte!)
(25 mots au plus!)

Lieber Bruder!
Sehnsüchtig erwarte seit Monaten Nachricht!
Bin gesund. Hoffe Dich wohl und munter.
Besuchst Du noch Schule? Herzliche
Geburtstagswünsche,Grüße,Küsse.

(Datum / *date*) 11.2.43
(Unterschrift / *Signature*) Deine Schwester
Hanna Sara Levy.

3. Empfänger ant...
Destinataire

Seine Eltern wollten ihn in Sicherheit wissen. Im Mai 1939, ein halbes Jahr nach den Novemberpogromen, schickte die Familie Levy ihren jüngsten Sohn in ein Kinderheim nach Australien. Die Mutter Lea starb wenig später, sein Vater Martin nahm sich 1941 das Leben. In Rostock blieb nun nur noch seine Schwester Anna, welche bei einer befreundeten Familie unterkam. Im Februar 1943 schrieb Anna an ihren Bruder. Als der Brief ihn erreichte, war sie bereits in das Ghetto Theresienstadt deportiert worden. Im September 1944 verlegte man sie in das Vernichtungslager Auschwitz, wo sie am 20. Oktober ermordet wurde.

Radiogerät Volksempfänger VE 301 W
1933
Kunststoff, Bakelit
Rostock, Kulturhistorisches Museum N 1217

Er war das wichtigste Werkzeug der nationalsozialistischen Propaganda. Im Auftrag von Joseph Goebbels wurde Anfang 1933 der sogenannte Volksempfänger entwickelt und zu einem Bruchteil dessen verkauft, was bis dato Radiogeräte gekostet hatten. Er machte das Radio im Deutschen Reich zu einem Massenmedium. Die Zahl der Zuhörenden stieg zwischen 1932 und 1942 von vier auf sechszehn Millionen. Führeransprachen und die staatlich gesteuerten Nachrichten erhielten damit eine enorme Reichweite. Goebbels wusste das neue Medium geschickt zu nutzen. Das Propagandaministerium steuerte die Berichterstattung bis ins kleinste Detail. Wer sich auf den staatlichen Rundfunk verließ, konnte auch im April 1945 davon ausgehen, dass das Deutsche Reich am Ende siegreich sein würde.

Blaupunkt Radio
Um 1935
Holz, Kunststoff
Rostock, Heimatmuseum Warnemünde
WA/VK/6603

Der Empfang von sogenannten Feindsendern konnte hart bestraft werden. Dennoch hörte der Warnemünder Zimmermeister Heinrich Kruse mit diesem Apparat regelmäßig den Londoner Rundfunk. Er hatte das Radio der Firma Blaupunkt 1936 für 360 Reichsmark gekauft, mehr als das 4-fache des Preises des Volksempfängers. Gerade in der letzten Phase des Krieges verloren viele das Vertrauen in die Erfolgsmeldungen der deutschen Propaganda. Der Londoner Rundfunk, der deutschsprachige Dienst der BBC, galt als wesentlich seriöser. Wer das Risiko einging, wegen sogenannter Rundfunkvergehen verurteilt zu werden, konnte sich der Propagandawelt der Nationalsozialisten damit ein Stück weit entziehen.

Rostocker Anzeiger
Rostock, 30. April 1945
Verlag: Carl Boldt'sche Hof-Buchdruckerei
Druck: Adlers Erben
Rostock, Kulturhistorisches Museum
V 2780/23

Rostocker Anzeiger

Nr. 100 — Montag, 30. April 1945

Sowjetischer Druck nach Westen

Harte Abwehrkämpfe an der Linie Oranienburg–Neustrelitz–Anklam
Britischer Elbübergang bei Lauenburg / Feindvorstoß nach Nordosten

Molotow will San Franzisko verlassen

Fünf Verhandlungssprachen

Bemerkenswerte Rede de Gaulles

Der Streit um Stuttgart

Die japanische Flotte

Die Zeilen ohne Glück

Protest des schwedischen Roten Kreuzes

England sucht Lebensmittel

Die USA. in Indien

Das Drama Bulgarien

Wie finde ich meine Angehörigen?

Am 30. April 1945 erschien die letzte Ausgabe einer traditionsreichen Rostocker Zeitung. Seit 1881 gab die Carl Boldt'sche Hof-Buchdruckerei sie heraus und entwickelte sie bald zur führenden Zeitung der Stadt und des Umlandes. Mit dem Machtantritt der Nationalsozialisten übernahm die ehemals bürgerlich-konservative Zeitung die nationalsozialistische Linie. Während der Bombenangriffe auf Rostock Ende April 1942 wurde auch das Verlagshaus in der Kröpeliner Straße zerstört. Für fünf Monate musste der Rostocker Anzeiger in Güstrow gedruckt werden. Danach entstand die Zeitung in einer Baracke am Blücherplatz.

Niederdeutscher Beobachter
Schwerin, 2. Januar 1945
Druck: Schmidt
Rostock, Kulturhistorisches Museum
V 2781/32

Der Niederdeutsche Beobachter war seit 1925 das Sprachrohr der NSDAP in Mecklenburg. Mit dem Sieg der Partei bei den Landtagswahlen 1932 rückte er zur offiziellen Zeitung der Landesregierung auf. Am 1. August 1933 wurden auch die Verlagsräume der enteigneten sozialdemokratischen Mecklenburgischen Volkszeitung in Rostock übernommen. Der Hauptkonkurrent blieb der Rostocker Anzeiger, die auflagenstärkste Zeitung in Mecklenburg. Bis Ende 1933 gab es eine energisch geführte Boykottaktion gegen das dortige Blatt. Kurzzeitig verlegte Gauleiter Hildebrandt die Redaktion des Niederdeutschen Beobachters komplett nach Rostock, drängte Beamte und Angestellte zu Abonnements und verbot Parteimitgliedern den Kauf des Anzeigers. Der Boykott endete schließlich mit einer Geldzahlung des Rostocker Anzeigers und der Rückkehr des Beobachters nach Schwerin. Bis zum Ende des Krieges konnte die Parteizeitung keine führende Rolle in der Mecklenburger Presselandschaft erringen.

Ende April 1945

Erinnerungen von Gernot Eschenburg
Aus: „Zeitzeugen erinnern sich 1945–1950. Erlebnisberichte aus der Nachkriegszeit in Warnemünde“ (WA/S/3710), Begleitmaterial zur Sonderausstellung „Hamsterfahrten, Klavierkonzerte und ein Hauch von Papyrossi. Erinnerungen an die Nachkriegszeit in Warnemünde 1945–1950“, Warnemünde 2011.

Im April 1945 wurde der Volkssturm in der Villa „Aranka“ (Strandweg 6) aufgestellt. Im dem ehemaligen Lehrlingswohnheim der ARADO-Flugzeugwerke trafen sich nun 42 Jungen, nichts weiter als ältere Kinder, die ausgestattet mit Flieger HJ Uniformen, einer lächerlichen Bewaffnung von einem Karabiner mit 20 Schuss Munition und einer italienischen Maschinenpistole ohne Munition, das Unabwendbare noch verhindern sollten.

Am 20. April

wurden wir alle in die Aula beordert. Es ging um die Aufnahme in den BDM. Und dann mussten wir uns die Geschichte und Biographie von Adolf Hitler anhören. Das muss man sich mal vorstellen, da haben die wirklich noch gedacht, wir gewinnen, und haben uns den Mann so gut geredet. Und als das dann beendet war, mussten wir uns alle in der Neubramowstraße an der Mauer von der Margarethenschule aufstellen und dann kam die nächsthöhere Klasse, die schon im BDM waren, mit ihren hübschen weißen Blusen (wir wollten ja auch so eine schöne Bluse haben) und haben uns dann gratuliert, dass wir nun demnächst auch aufgenommen werden. Dazu kam es natürlich nicht mehr.

Erinnerungen von Ursula Ahlert
Auszug aus dem Zeitzeugengespräch mit Ursula Ahlert, Januar 2025

20. April 1945

“

Auszug aus dem Erinnerungsbericht von Margot Schridde
In Rabe, Hannelore: Über die Recknitzbrücke mussten sie alle. Erinnerungen an den Todesmarsch der Häftlinge des KZ-Außenlagers Barth. Scheunen-Verlag, Kückenshagen 2010.

Gegen Ende April, ein genaues Datum ist mir nicht möglich, wurde das KZ-Lager Barth geräumt und wir weiblichen Häftlinge wurden unter SS-Bewachung Richtung Rostock in Marsch gesetzt. Ich hatte von diesem Marsch bereits zwei Tage zuvor von einer SS-Aufseherin erfahren, die gegenüber den anderen Aufseherinnen ziemlich human zu den Häftlingen gewesen war. Sie sagte mir, dass die SS-Wachmannschaft Anweisung hat, auf dem Marsch nach Rostock jeden Häftling zu erschießen, der sich auch nur einen Schritt aus der Marschkolonne entfernt.

Sie gab mir und den anderen Häftlingen den Rat, dass wir uns zusammennehmen sollten, um nicht aufzufallen, wenn wir noch einmal nach Hause kommen wollten. An einem Morgen kam der Befehl, dass alle Häftlinge mit ihren Sachen auf der Lagerstraße antreten mussten. Wir stellten uns in Fünferreihen auf und der Abmarsch begann etwa gegen 11:00.

HOTEL

Mai

Am frühen Nachmittag des 1. Mai 1945 erreichten sowjetische Truppen Rostock. Bei dem Versuch, am Mühlendamm in die Stadt vorzurücken, wurde durch die Sprengung der Brücke ein Panzer zerstört. Über den Verbindungsweg und die Petribrücke gelangten die Soldaten schließlich in die Stadt und standen bereits am Abend in Warnemünde.

Bis auf vereinzelten Widerstand war die angekündigte Verteidigung Rostocks ausgeblieben. Auf ihrem Weg durch die Stadt befreiten die Sowjets tausende Zwangsarbeiter und Kriegsgefangene. Im Befehl Nr. 1 erklärte der sowjetische Stadtkommandant alle Organe des NS-Staates für aufgelöst und alle nach 1933 eingeführten Gesetze für ungültig. Damit endeten Jahre des Terrors, dem auch in Rostock unzählige Menschen zum Opfer gefallen waren.

Die neu eingesetzte Verwaltung bemühte sich, dem Chaos Herr zu werden und das öffentliche Leben zu normalisieren. Am 10. Mai fanden in der Stadt wieder Gottesdienste statt. Ab dem 14. Mai wurden erste Lebensmittelkarten ausgegeben, wenngleich an einen geregelten Handel noch kaum zu denken war.

Sowjetische Panzer in Warnemünde
Rostock, 1945
Öl auf Leinwand: Hein Ross
Rostock, Heimatmuseum Warnemünde
WA/K/0503

Der Warnemünder Maler Hein Ross hielt später den Moment fest, in dem der Krieg in Rostock endgültig vorbei war. Gegen 15 Uhr am Nachmittag hatten die sowjetischen Panzer Warnemünde erreicht. Das Bild zeigt laut Beschreibung auf der Rückseite die Situation um 9 Uhr am Abend. Die Panzer waren offensichtlich an der Vogtei in Stellung gegangen. Am nächsten Tag rückten die meisten Verbände weiter nach Bad Doberan vor.

Abtransport der Flak
des Zerstörers Z 43 an die Ostfront
Rostock, April 1945
Foto: Ulrich Menzel
Rostock, VG Ostseeschifffahrtsarchiv

Fliehende Menschen auf der Ostmole in Warnemünde
Rostock, 1. Mai 1945
Foto: Ulrich Menzel
Rostock, VG Ostseeschifffahrtsarchiv

Ausfahrende Schiffe in Warnemünde
Rostock, 1. Mai 1945
Foto: Ulrich Menzel
Rostock, VG Ostseeschifffahrtsarchiv

Blick zurück auf Warnemünde
Rostock, 1. Mai 1945
Foto: Ulrich Menzel
Rostock, VG Ostseeschifffahrtsarchiv

Nach einem Minentreffer in der Ostsee am 10. April 1945 lag der Zerstörer Z 43 auf der Neptunwerft zur Reparatur. Im April wurde die Flak des Schiffes abmontiert und an die Ostfront verlegt. Als am 1. Mai die Einnahme Rostocks durch die sowjetische Armee drohte, wurde das Schiff in großer Eile ausgedockt und setzte sich in Richtung Warnemünde in Bewegung. Hier lief es mit zahlreichen anderen Schiffen in Richtung Schleswig-Holstein aus. Der Offizier Ulrich Menzel hielt die Abfahrt aus Warnemünde mit der Kamera fest. Auf der Ostmole versuchten noch zahlreiche Menschen auf das Führungsschiff REIHER zu gelangen, das auf den Fotos fast vollständig vom Rauch der Dampfer verdeckt ist. Zu diesem Zeitpunkt rückten die sowjetischen Panzer bereits in den Straßen von Warnemünde vor.

Deütschland bedingüngslos kapitüliert!

Urkundenunterzeichnung der bedingungslosen Kapitulation der deutschen Streitkräfte!

Die Urkunde der militärischen Kapitulation!

1. Wir Unterzeichneten handelten im Namen des deutschen Oberkommandos mit der Einwilligung der bedingungslosen Kapitulation aller unserer Streitkräfte zu Lande, zu Wasser und in der Luft, sowie aller Kräfte, die sich in der jetzigen Zeit unter dem deutschen Kommando befinden, dem Oberkommando der Roten Armee und gleichzeitig dem Oberkommando der alliierten Besatzungskräfte.

2 Das deutsche Oberkommando erläßt unverzüglich Befehle an alle deutschen Befehlshaber des Heeres, der Marine und der Luftstreitkräfte, alle Kräfte zu übergeben, die sich unter dem deutschen Kommando befinden, die Kriegshandlungen am 8. Mai 1945 um 23.01 Uhr MEZ. einzustellen, an der Stelle zu bleiben, wo sie sich z. Zt. befinden, sich völlig zu entwaffnen und alle Waffen und Kriegsgeräte dem örtlichen Verbündeten Kommandierenden und Offizieren, die von den Vertretern des alliierten Oberkommandos ernannt wurden, zu übergeben und Zerstörungen an Dampfern, Schiffen, Flugzeugen, Motoren, Gebäuden, Ausstattungen, sowie Maschinen, Bewaffnung, Apparaten und allen übrigen militärtechnischen Mitteln der Kriegführung zu verhindern.

3. Das deutsche Oberkommando wird unverzüglich entsprechende Kommandeure ernennen, die die Durchführung aller weiteren Befehle, die vom Oberkommando der Roten Armee und vom Oberkommando der alliierten Besatzungskräften erteilt werden, gewährleisten.

4. Diese Urkunde ist kein Hindernis für eine Neuerung mit einem anderen Generaldokument über die Kapitulation zu ersetzen, das von den Vereinigten Nationen oder in ihrem Namen an Deutschland und die deutschen Streitkräfte im Ganzen verfaßt wird.

5. Im Falle, daß das deutsche Oberkommando oder irgendwelche Streitkräfte unter der Führung seiner Kommandos nicht nach dieser Kapitalationsurkunde handeln, wird das Oberkommando der Roten Armee, sowie das Oberkommando der alliierten Besatzungskräfte solche Strafmaßnahmen oder andere Handlungen treffen, die sie für notwendig halten.

6. Diese Urkunde ist in russischer, englischer und deutscher Sprache abgefaßt. Nur die russischen und englischen Texte sind rechtssprechend. Unterzeichnet wurde am 8. Mai 1945 in der Stadt Berlin.

Namen des deutschen Oberkommandos:

Keitel, Friedeburg, Stumpf.

In Anwesenheit:
Bevollmächtigt vom Oberkommando
der Roten Armee,
Marschall der Sowjet-Union

Shukow

Bevollmächtigt vom Oberkommando
der Besatzungskräfte der Alliierten,
Hauptmarschall der Flieger

Tedder

Bei der Unterzeichnung wohnten als Zeugen bei:

Der Befehlshaber der strategischen
Luftstreitkräfte der U. S. A., General

Spaats

Der Oberbefehlshaber
der französischen Armee, General

Deltr de Nassigni

Die Wut der Sieger

Neben der Erleichterung über das Ende des Krieges bedeutete die unmittelbare Besetzung der Stadt für viele auch große Unsicherheit. Tagelang kam es in fast allen Stadtteilen zu Plünderungen und Angriffen auf die Zivilbevölkerung. Besonders Frauen waren teils schwerer Gewalt der sowjetischen Soldaten ausgesetzt. Viele Familien blieben aus Angst vor Übergriffen tagelang in Verstecken.

Der Zweite Weltkrieg richtete sich in erschreckendem Ausmaß gegen die Zivilbevölkerung. Auch als die Rote Armee 1945 auf deutsches Gebiet vorrückte, kam es vielfach zu Gewaltverbrechen.

Die deutsche Propaganda hatte die Furcht vor der Roten Armee zusätzlich gezielt geschürt. Im knapp 60 Kilometer entfernten Demmin kam es im Zuge des Einmarsches sowjetischer Truppen zum größten Massensuizid der deutschen Geschichte. Auch in Rostock nahmen sich im Mai 118 Menschen das Leben, davon 74 Frauen und Mädchen. Welche Ängste oder Erlebnisse im Einzelnen zu diesen Entscheidungen führten, bleibt oft unklar.

Bis in die letzten Stunden hatten die Anhänger des Regimes den Endsieg beschworen. Bis zuletzt mussten ihre Opfer um Leib und Leben fürchten. Nun brachen innerhalb eines halben Tages jahrelange Gewissheiten zusammen. NS-Kreisleiter Dettmann war am Vormittag des 1. Mai bereits Richtung Wismar geflohen. Oberbürgermeister Volgmann hatte mit seiner Familie vergeblich versucht, die Stadt zu verlassen, und schließlich in den Barnstorfer Anlagen Selbstmord begangen.

Die Menschen in Rostock standen am Abend des 1. Mai wie viele andere vor den Trümmern von zwölf Jahren nationalsozialistischer Diktatur und sechs Jahren Krieg. Wie man in der Ruinenlandschaft überleben könnte, in welchem politischen System sich die Stadt wiederfinden würde, wie man mit den Tätern und Profiteuren der NS-Herrschaft umgehen sollte, das alles war ungewiss.

Flugblatt
1945
Druck
Rostock, Stadtarchiv 2.1.0. 83

Ruhe und Ordnung

Sie hatten jahrelang in der Illegalität gearbeitet. Bereits kurz nach dem Einmarsch der sowjetischen Truppen bildete sich in Rostock ein Ordnungskomitee aus Kommunisten und Sozialdemokraten. Am 3. Mai nahmen sie erfolgreich Kontakt zum sowjetischen Kommandanten auf. Dieser gestattete ihnen die Bildung einer provisorischen Stadtverwaltung.

In einem Flugblatt riefen sie die Rostocker Bevölkerung auf, Ruhe zu bewahren, das Plündern einzustellen und Straßensperren zu beseitigen. Eine Wache aus Arbeitern, gekennzeichnet mit einer roten Armbinde, sollte die Ordnung wieder herstellen. Unterstützt wurde sie dabei von Rotarmisten.

Am 9. Mai wurde der 30-jährige Metallarbeiter Christoph Seitz als Oberbürgermeister eingesetzt. Seitz stammte aus München, war 1942 an der Front übergelaufen und nun mit der Roten Armee nach Rostock gekommen. Als seinen Stellvertreter setzte man zunächst den ehemaligen Güstrower Bürgermeister Heinrich Heydemann ein. Dieser ging jedoch im Juli in die neu gegründete Landesverwaltung nach Schwerin. Ihm folgte Otto Kuphal.

Die neue Verwaltung hatte keine leichte Aufgabe. Sie sollte eine zerstörte Großstadt voller Geflüchteter, ehemaliger Gefangener und einquartierter Rotarmisten vor Hunger, Seuchen und Wohnungsnot bewahren und zurück in die Normalität führen.

Man teilte Rostock zunächst in 26 Bezirke. Die Bezirksältesten vor Ort wurden die Ansprechpartner für die Verwaltung. Sie gaben Lebensmittelkarten aus und organisierten die Wohnraumverteilung. In den kommenden Monaten veröffentlichte das Rathaus eine Vielzahl von Anordnungen, Aufrufen und Bekanntmachungen. An insgesamt 128 Anschlagtafeln, Litfaßsäulen und Schaufenstern waren sie überall in der Stadt präsent.

Bekanntmachung des
Rostocker Ordnungskomitees
Rostock, 3. Mai 1945
Druck: Emil Krakow
Rostock, Kulturhistorisches Museum
V 13806

Bekanntmachung

an die Bevölkerung der Seestadt Rostock

Mit dem heutigen Tage, den 3. Mai 1945, werden folgende Bekanntmachungen erlassen:

Durch Vereinbarung mit dem russischen Stadtkommandanten (Major Rommof) wird folgendes bekanntgegeben:

1. Sämtliche Lebensmittel, gleich welcher Art, in vorhandenen Läden und Lebensmittelgeschäften werden für die Bevölkerung sichergestellt. Für diesen Zweck sind vorläufig Rostocker Arbeiter, die mit der roten Armbinde gekennzeichnet sind, und in deren Begleitung sich Soldaten der russischen Wehrmacht befinden, eingesetzt.
2. Sämtliche nach dem heutigen Tage vorkommenden Uebertretungen des Abs. 1 werden der Kommandantur zur Bestrafung gemeldet werden.
3. Die Bevölkerung der Seestadt Rostock wird aufgefordert, Ruhe und Ordnung zu bewahren.
4. Ueber die evtl. Aufnahme der Arbeit in den einzelnen Betrieben werden, nachdem wir uns von der Möglichkeit informiert haben, nähere Anweisungen durch Bekanntmachung ergehen.
5. Die Friedhofsarbeiter, Leichenfrauen haben sofort die Arbeit wieder aufzunehmen. Ein Tischlermeister wird beauftragt, vorkommende Todesfälle sofort zu erledigen. Es wird dafür gesorgt werden, gestorbene Menschen beerdigen zu können.
6. Elektrizitätswerk, Wasserwerk und die Müllabfuhr werden nach den vorhandenen Möglichkeiten aufrechterhalten. Die Arbeiter in diesen drei Betrieben haben sich morgen, den 4. Mai 1945, in ihrem Betrieb zu melden. Der bisherige Betriebsführer ist für die Aufrechterhaltung des Betriebes verantwortlich.
7. Lebensmittelgeschäfte haben, soweit es ihr Bestand gestattet, an ihre alte Kundschaft die vorhandenen Lebensmittel gegen Bezahlung abzugeben. Ueber die weitere Zuteilung von Lebensmitteln aus den vorhandenen Lägern erfolgt in den nächsten Tagen nähere Anweisung. Die Abgabe erfolgt nur gegen Vorlage der jetzt gültigen Lebensmittelkarten. Wegen Belieferung von Milch an Kinder und Kranke erfolgt nähere Anweisung.
8. Die Rostocker Bevölkerung wird aufgefordert, die Straßen zu säubern und die Sperren zu beseitigen. Die Meldungen hierzu erfolgen beim untenstehenden Komitee.
9. Das Betreten sämtlicher Geschäfte zwecks Plünderung ist ab sofort verboten. Zuwiderhandlungen werden strengstens bestraft.
10. Aerzte und Hebammen sowie die Apotheken haben ihre Betriebe sofort wieder aufzunehmen.

Bekanntgegeben am 3. Mai 1945

Rostocker Ordnungs-Komitee

gez.: Scharres Mahnke B[illegible] W. Hörnir

Befehl des Wehrmachtskommandanten

Nr. 1

Warnemünde — 11. Mai 1945

Die siegreichen Truppen der Roten Armee sind in Warnemünde einmarschiert.
Dieser Einmarsch der Sowjettruppen in Deutschland ist ein Ergebnis des Krieges, den die Hitlerregierung durch den treubrüchigen Ueberfall auf die Sowjetunion begonnen hat.
Deutschland hat am 8. Mai 1945 bedingungslos kapituliert.

Ich befehle:

I.

1. Der gesamte vom Hitlerregime geschaffene Parteiapparat im Staats-, Verwaltungs- und Disziplinarwesen ist aufgelöst. Alle nach dem 30. Januar 1933 erlassenen Gesetze sind außer Kraft gesetzt.

2. Die sogenannte NSDAP und alle angeschlossenen Organisationen sind aufgelöst und als gesetzwidrig erklärt.

Alle Leiter der Organisationen der NSDAP., SA., HJ., des NSKK., des NS-Studentenbundes, NS.-Beamtenbundes, NS-Lehrerbundes, NS-Juristenbundes, BDM., der NS-Frauenschaft u. a. haben sich sofort zwecks Registrierung beim Wehrmachtskommandanten Bismarckstraße 11 von 15 bis 17 Uhr zu melden. Unterlassung dieser Anmeldung wird als eine gegen die Rote Armee feindlich gerichtete Handlung geahndet, die gleichbedeutend mit Spionage und Sabotagetätigkeit ist.

3. Alle Angehörigen, Angestellten und Beamten der SS., Gestapo, SD., Feldgendarmerie und alle Gliederungen der Polizei haben sich unverzüglich beim Wehrmachtskommandanten Bismarckstr. 11 von 15 bis 17 Uhr zu melden.
Personen, die dieser Meldepflicht unterliegen und ihr nicht nachkommen, sind festzunehmen.

4. Das Eigentum der oben genannten Partei und Staatsbehörden, namentlich Archive, Ausstattung, vorhandene Geldbeträge, sowie das persönliche Eigentum flüchtiger Leiter und Angehöriger dieser Organisationen wird beschlagnahmt.

Personen, die versuchen, jegliche Art des obengenannten Eigentums zu verstecken, zu vernichten oder sich anzueignen, werden mit aller Härte der Kriegsgesetze bestraft.

5. Alle Angehörigen der Wehrmacht, des Volkssturms, des Arbeitsdienstes sowie der Organisation Todt haben sich unverzüglich beim Wehrmachtskommandanten Bismarckstr. 11 von 15 bis 17 Uhr zur Registrierung zu melden. Wer sich dieser Meldepflicht zu entziehen versucht, wird als Spion und Saboteur mit allen sich daraus ergebenden Folgen behandelt.

6. Alle Personen, die im Besitz von Feuer- oder blanken Waffen, Sprengstoffen sowie Sendeanlagen u. Multiplikationsapparaten sind, haben die angeführten Gegenstände bei der Wache der Ortskommandantur Ostseehotel unverzüglich abzugeben.

Herstellung, Aufbewahrung und Ankauf von Waffen aller Art, Sprengstoff, Sendegeräten und Mikrophonen werden nach den Kriegsgesetzen bestraft.

7. Alle Einwohner der Stadt sind verpflichtet, zur Entlarvung aller Agenten des verbrecherischen Hitlerregimes beizutragen.

Alle Personen ohne Unterschied des Alters und Geschlechts, die diejenigen, die gegen die unter Ziffer 1, 2, 3, 4, 5 und 6 angeführten Anordnungen verstoßen, Aufnahme gewähren oder von denselben Kenntnis haben und keine Meldung erstatten, werden als Mittäter zur strengsten Verantwortung gezogen.

Bei Krankheit, Abwesenheit oder sonstigen Behinderungsfällen hat die Meldung der unter Ziffer 1—6 angeführten Personen durch nächststehende Angehörige sofort zu erfolgen.

II.

1. Meine Befehle sind für die Bevölkerung bindend und gelten als Gesetz. Nichterfüllung meiner Befehle wird als gegen die Rote Armee feindlich gerichtete Handlung geahndet.

2. Alle Arbeiter, Angestellte, Kaufleute, Gewerbetreibende und Handwerker sind verpflichtet, auf ihren Posten zu bleiben und ihrer Arbeit nachzugehen. Leiter von Unternehmen, Privatfirmen, Werkstätten und dergleichen sind für die reibungslose Fortsetzung der Arbeit verantwortlich.

Ein Herumdrücken von der Arbeit und der gewohnten Beschäftigung wird als Sabotage betrachtet und entsprechend den Kriegsgesetzen bestraft.

3. Die Ordnung der Lebensmittelversorgung und -Zuteilung werden von der neuen Stadtverwaltung festgelegt.

4. In Warnemünde wird folgende Ordnung festgelegt:

a) Unbegründeter Aufenthalt auf den Straßen ist von 22,00 bis 5,00 Uhr untersagt.

b) Es ist strengstens untersagt, Militär- und Zivilpersonen ohne Genehmigung des Ortskommandanten Warnemünde Unterkunft zu gewähren.

c) Personen, die den Anordnungen der oben angeführten Buchstaben a) und b) zuwiderhandeln, werden zur Verantwortung gezogen.

5. Dieser Befehl ist bis auf weitere Anordnungen Gesetz.

Wehrmachtskommandant

Leutnant Assanow

EMIL KRAKOW, WARNEMÜNDE

Befehl des sowjetischen Wehrmachtskommandanten
Rostock, 11. Mai 1945
Druck: Emil Krakow
Rostock, Kulturhistorisches Museum V 15782

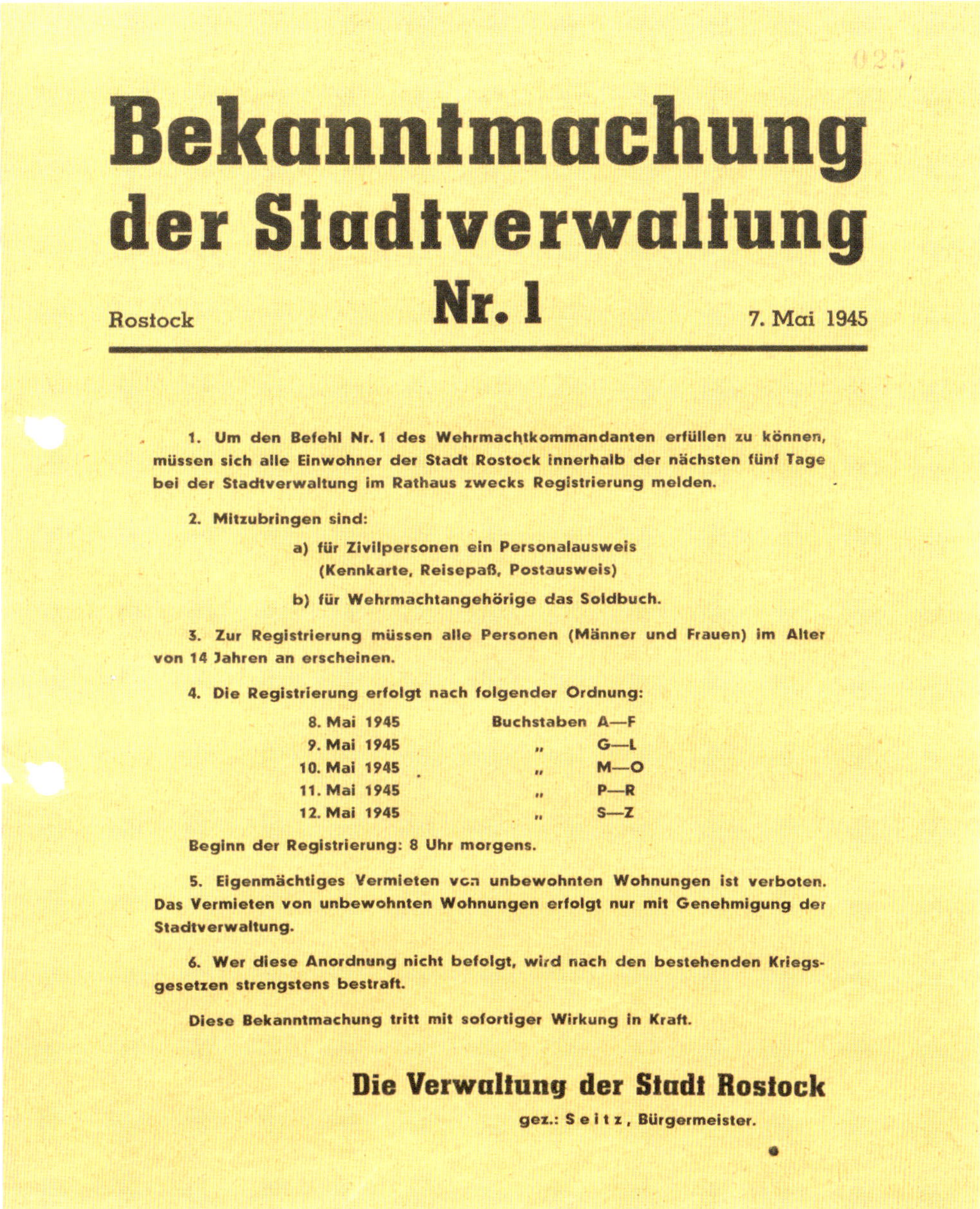

Bekanntmachung der Stadtverwaltung

Nr. 1

Rostock — 7. Mai 1945

1. Um den Befehl Nr. 1 des Wehrmachtkommandanten erfüllen zu können, müssen sich alle Einwohner der Stadt Rostock innerhalb der nächsten fünf Tage bei der Stadtverwaltung im Rathaus zwecks Registrierung melden.

2. Mitzubringen sind:

   a) für Zivilpersonen ein Personalausweis (Kennkarte, Reisepaß, Postausweis)

   b) für Wehrmachtangehörige das Soldbuch.

3. Zur Registrierung müssen alle Personen (Männer und Frauen) im Alter von 14 Jahren an erscheinen.

4. Die Registrierung erfolgt nach folgender Ordnung:

8. Mai 1945	Buchstaben	A—F
9. Mai 1945	„	G—L
10. Mai 1945	„	M—O
11. Mai 1945	„	P—R
12. Mai 1945	„	S—Z

Beginn der Registrierung: 8 Uhr morgens.

5. Eigenmächtiges Vermieten von unbewohnten Wohnungen ist verboten. Das Vermieten von unbewohnten Wohnungen erfolgt nur mit Genehmigung der Stadtverwaltung.

6. Wer diese Anordnung nicht befolgt, wird nach den bestehenden Kriegsgesetzen strengstens bestraft.

Diese Bekanntmachung tritt mit sofortiger Wirkung in Kraft.

Die Verwaltung der Stadt Rostock

gez.: Seitz, Bürgermeister.

Bekanntmachung der Stadtverwaltung
Rostock, 7. Mai 1945
Druck: Emil Krakow
Rostock, Stadtarchiv 2.1.0. 83

Bekanntmachung der Stadtverwaltung

Alle Flüchtlinge, Durchreisenden und nicht Ortsansässigen müssen sofort die Stadt Rostock verlassen und zu ihrem zuständigen Wohnort zurückkehren.
Dieselben brauchen für ihre Abreise keine besondere Genehmigung.
Alle Flüchtlinge, Durchreisenden und nicht Ortsansässigen werden von der Stadt Rostock nicht mit Lebensmitteln versorgt.

Rostock, den 10. Mai 1945.

Bürgermeister der Stadt Rostock
Seitz.

Bekanntmachung der Stadtverwaltung
Rostock, 10. Mai 1945
Druck: Emil Krakow
Rostock, Kulturhistorisches Museum V 7597

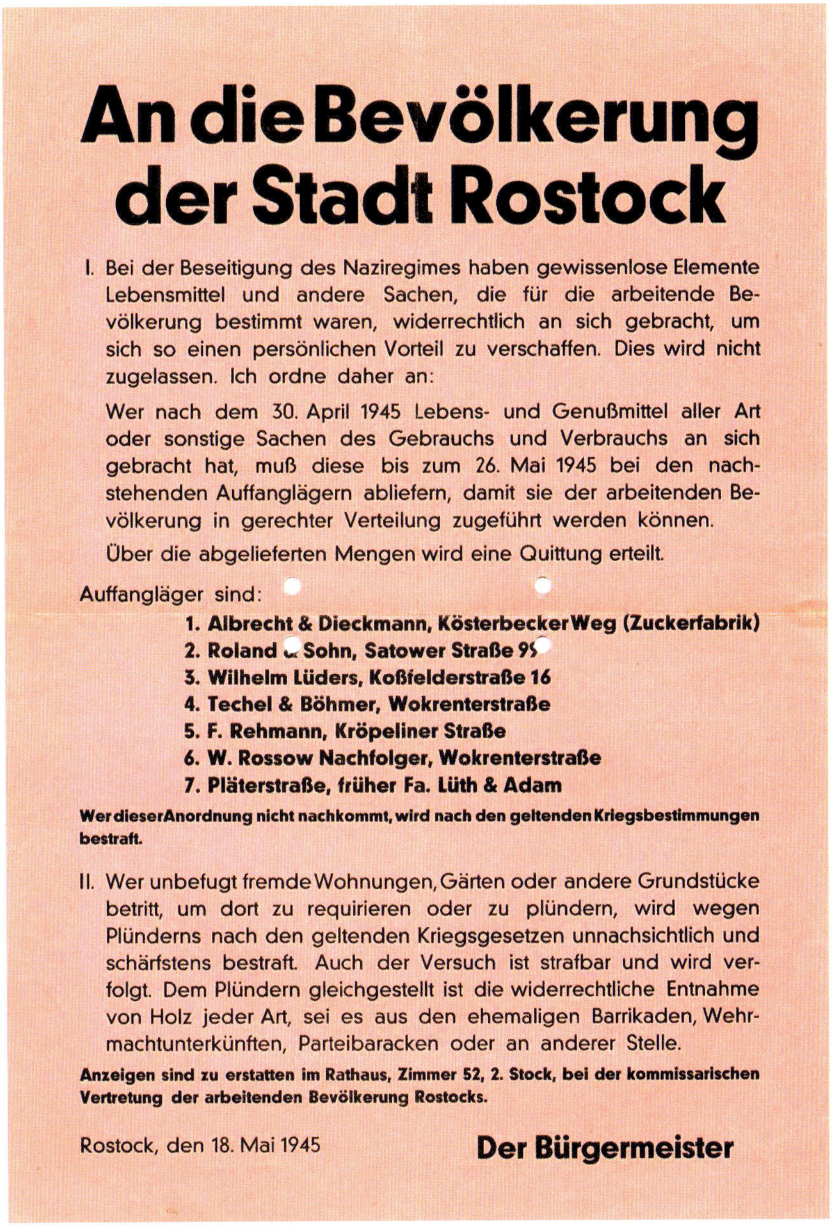

An die Bevölkerung der Stadt Rostock

I. Bei der Beseitigung des Naziregimes haben gewissenlose Elemente Lebensmittel und andere Sachen, die für die arbeitende Bevölkerung bestimmt waren, widerrechtlich an sich gebracht, um sich so einen persönlichen Vorteil zu verschaffen. Dies wird nicht zugelassen. Ich ordne daher an:

Wer nach dem 30. April 1945 Lebens- und Genußmittel aller Art oder sonstige Sachen des Gebrauchs und Verbrauchs an sich gebracht hat, muß diese bis zum 26. Mai 1945 bei den nachstehenden Auffanglägern abliefern, damit sie der arbeitenden Bevölkerung in gerechter Verteilung zugeführt werden können.

Über die abgelieferten Mengen wird eine Quittung erteilt.

Auffangläger sind:

1. Albrecht & Dieckmann, Kösterbecker Weg (Zuckerfabrik)
2. Roland u. Sohn, Satower Straße 99
3. Wilhelm Lüders, Koßfelderstraße 16
4. Techel & Böhmer, Wokrenterstraße
5. F. Rehmann, Kröpeliner Straße
6. W. Rossow Nachfolger, Wokrenterstraße
7. Pläterstraße, früher Fa. Lüth & Adam

Wer dieser Anordnung nicht nachkommt, wird nach den geltenden Kriegsbestimmungen bestraft.

II. Wer unbefugt fremde Wohnungen, Gärten oder andere Grundstücke betritt, um dort zu requirieren oder zu plündern, wird wegen Plünderns nach den geltenden Kriegsgesetzen unnachsichtlich und schärfstens bestraft. Auch der Versuch ist strafbar und wird verfolgt. Dem Plündern gleichgestellt ist die widerrechtliche Entnahme von Holz jeder Art, sei es aus den ehemaligen Barrikaden, Wehrmachtunterkünften, Parteibaracken oder an anderer Stelle.

Anzeigen sind zu erstatten im Rathaus, Zimmer 52, 2. Stock, bei der kommissarischen Vertretung der arbeitenden Bevölkerung Rostocks.

Rostock, den 18. Mai 1945 **Der Bürgermeister**

Aufruf an die Bevölkerung der Stadt Rostock
Rostock, 18. Mai 1945
Druck: Emil Krakow
Rostock, Kulturhistorisches Museum V 7598

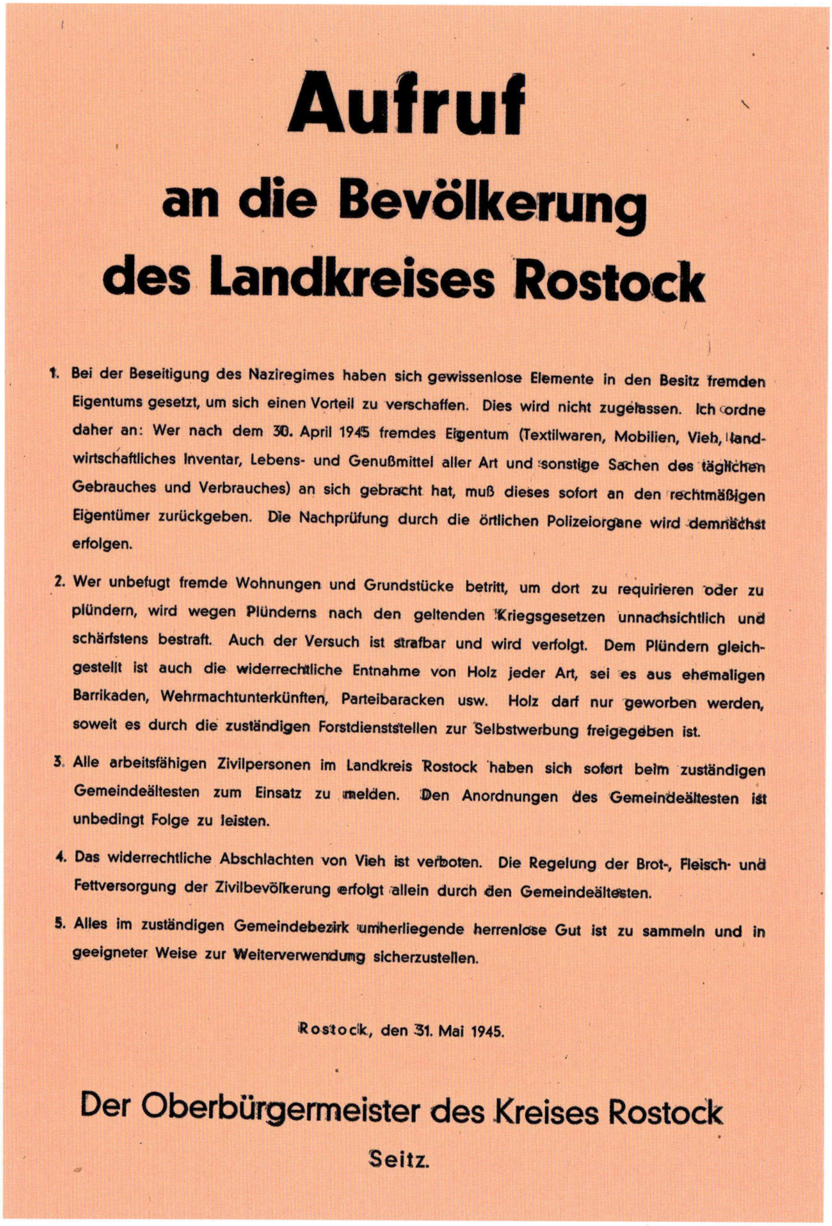

Aufruf

an die Bevölkerung des Landkreises Rostock

1. Bei der Beseitigung des Naziregimes haben sich gewissenlose Elemente in den Besitz fremden Eigentums gesetzt, um sich einen Vorteil zu verschaffen. Dies wird nicht zugelassen. Ich ordne daher an: Wer nach dem 30. April 1945 fremdes Eigentum (Textilwaren, Mobilien, Vieh, landwirtschaftliches Inventar, Lebens- und Genußmittel aller Art und sonstige Sachen des täglichen Gebrauches und Verbrauches) an sich gebracht hat, muß dieses sofort an den rechtmäßigen Eigentümer zurückgeben. Die Nachprüfung durch die örtlichen Polizeiorgane wird demnächst erfolgen.

2. Wer unbefugt fremde Wohnungen und Grundstücke betritt, um dort zu requirieren oder zu plündern, wird wegen Plünderns nach den geltenden Kriegsgesetzen unnachsichtlich und schärfstens bestraft. Auch der Versuch ist strafbar und wird verfolgt. Dem Plündern gleichgestellt ist auch die widerrechtliche Entnahme von Holz jeder Art, sei es aus ehemaligen Barrikaden, Wehrmachtunterkünften, Parteibaracken usw. Holz darf nur geworben werden, soweit es durch die zuständigen Forstdienststellen zur Selbstwerbung freigegeben ist.

3. Alle arbeitsfähigen Zivilpersonen im Landkreis Rostock haben sich sofort beim zuständigen Gemeindeältesten zum Einsatz zu melden. Den Anordnungen des Gemeindeältesten ist unbedingt Folge zu leisten.

4. Das widerrechtliche Abschlachten von Vieh ist verboten. Die Regelung der Brot-, Fleisch- und Fettversorgung der Zivilbevölkerung erfolgt allein durch den Gemeindeältesten.

5. Alles im zuständigen Gemeindebezirk umherliegende herrenlose Gut ist zu sammeln und in geeigneter Weise zur Weiterverwendung sicherzustellen.

Rostock, den 31. Mai 1945.

Der Oberbürgermeister des Kreises Rostock

Seitz.

Aufruf an die Bevölkerung des Landkreises Rostock
Rostock, 31. Mai 1945
Druck: Emil Krakow
Rostock, Kulturhistorisches Museum V 7599

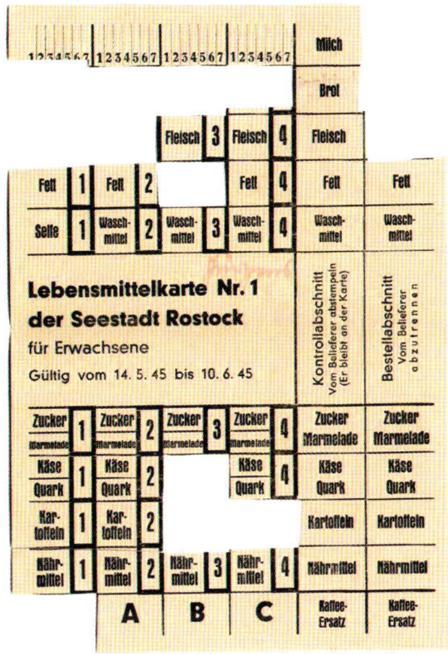

Milch
Brot
Fleisch 3 | Fleisch 4 | Fleisch
Fett 1 | Fett 2 | Fett 4 | Fett | Fett
Seife 1 | Wasch-mittel 2 | Wasch-mittel 3 | Wasch-mittel 4 | Wasch-mittel | Wasch-mittel

Lebensmittelkarte Nr. 1
der Seestadt Rostock
für Erwachsene
Gültig vom 14. 5. 45 bis 10. 6. 45

Kontrollabschnitt
Vom Belieferer abstempeln
(Er bleibt an der Karte)

Bestellabschnitt
Vom Belieferer
abzutrennen

Zucker Marmelade 1 | Zucker Marmelade 2 | Zucker Marmelade 3 | Zucker Marmelade 4 | Zucker Marmelade | Zucker Marmelade
Käse Quark 1 | Käse Quark 2 | Käse Quark 4 | Käse Quark | Käse Quark
Kar-toffeln 1 | Kar-toffeln 2 | Kartoffeln | Kartoffeln
Nähr-mittel 1 | Nähr-mittel 2 | Nähr-mittel 3 | Nähr-mittel 4 | Nährmittel | Nährmittel
A | B | C | Kaffee-Ersatz | Kaffee-Ersatz

Lebensmittelkarte
Rostock, Mai 1945
Druck
Rostock, Kulturhistorisches Museum
V 20381

Die Unsicherheit war gewaltig. Wer etwas zu essen organisieren konnte, nahm es ungeachtet der Menge. Wer wusste schon, ob es in der nächsten Woche wieder etwas geben würde. Um solchen Hamsterkäufen Einhalt zu gebieten, sollten Lebensmittelkarten den Absatz begrenzen. Doch waren in den Geschäften die zugeteilten Lebensmittel nur mit Glück auch vorrätig. Bis sich der Handel in Rostock normalisierte, sollte es noch Wochen dauern.

1. Mai 1945

Auszug aus dem Kriegstagebuch des 2. Panzerbataillons der 3. Panzerbrigade der Roten Armee
Stadtarchiv Rostock, 2.4.7./2 - Luftangriffe auf Rostock während des Zweiten Weltkrieges (1939–1945)

Um 6 Uhr bewegte sich das Bataillon (offensichtlich aus Neubrandenburg kommend) mit 26 Panzern über Weitin, Chemnitz, Godenben [?] Rosenow und Stavenhagen, Malchin, Teterow, Laage nach Rostock. Der Gegner leistete wenig unorganisierten Widerstand ... um 18 Uhr erreichten wir dann die Stadtgrenze von Rostock, wo auf der Brücke der Leitpanzer gesprengt wurde. Daraufhin umfuhren die restlichen Panzer die Brücke von rechts und fuhren von der Hafenseite aus in die Stadt ein. Im Hafen gab es Kämpfe mit dort befindlichen Motorbooten. Um 21 Uhr konzentrierten wir uns auf die Verteidigung von Sievershagen. Nachdem das 2. Bataillon den Hafen und Warnemünde vom Gegner gesäubert hatte, dabei wurden 4 Kreuzer des Gegners im Hafen beschossen, widmete man sich der Verteidigung am Strand. Im Laufe des Tages wurden mehr als 100 km zurückgelegt.

Im Verlauf des Tages gab es folgende Verluste. 1 gesprengter Panzer, 2 getötete Offiziere, 4 getötete Sergeanten, verwundet:
2 Offiziere, 2 Sergeanten

Verluste des Gegners
vernichtet 6 U-U; Strandbatterien 2, Schiffe des Gegners 8, Wagen mit Sachgütern – bis zu 200, Autos (zerstört und erbeutet) – bis 70; getötete Soldaten und Offiziere des Gegners – bis 300

Befreit: Engländer, Franzosen, Polen, Belgier, Holländer – bis zu 2000 Menschen

in Gefangenschaft genommene Deutsche – bis zu 2500 Menschen

1. Mai 1945

Auszug aus dem Kriegstagebuch des Schütztenbataillons der 5. Panzerbrigade der Roten Armee

Stadtarchiv Rostock, 2.4.7./2 - Luftangriffe auf Rostock während des Zweiten Weltkrieges (1939–1945)

1.5.1945 Um 7:30 auf Befehl ... Malchin Teterow, Rostock. Der Gegner leistete keinen Widerstand, Nach Eroberung von Warnemünde haben 2 Panzer und MG-Schützen die Rundumverteidigung Richtung Osten und Norden übernommen, [...] 15:40 Sievershagen eingenommen und Rundumverteidigung, Erkundigungen in westliche Richtung. Verluste des Bataillons: 3 Getötete, 2 Verwundete, [...] große Beute gemacht, 700 Gefangene Bewegung: Rostock, Warnemünde, Bad Doberan.

1. Mai 1945

Auszug aus dem Erinnerungsbericht von Igor Golik

In Rabe, Hannelore: Über die Recknitzbrücke mussten sie alle. Erinnerungen an den Todesmarsch der Häftlinge des KZ-Außenlagers Barth. Scheunen-Verlag, Kückenshagen 2010.

Da die Chaussee mit Zivilisten und Militäreinheiten überfüllt war, mussten wir die Straße verlassen und über Wiesen und Felder gehen. Zehn bis fünfzehn Kilometer vor Rostock erschienen am Himmel zwei oder drei sowjetische Jäger und schossen mit ihren Maschinengewehren auf die Chaussee. Es brach Panik aus. In diesem Moment kam ein Wehrmachtssoldat auf einem Motorrad aus Richtung Rostock. Er rief „Iwan in Rostock! Alles zurück!" Es war nicht möglich, nach Barth zurückzukehren, da die Luftwaffensoldaten schon wussten, dass die Brücke zwischen Ribnitz und Damgarten bereits gesprengt war. Unsere Posten flohen und die Kolonne löste sich auf. Die Häftlinge blieben sich selbst überlassen. Meine drei Kameraden und ich liefen in Richtung eines zwei Kilometer entfernten Waldes und versteckten uns dort in Kies und Sandgruben. Einige der Gruben waren bereits mit deutschen Zivilisten belegt. Auch ein Meister aus den Heinkelwerken suchte hier mit seiner ganzen Familie Schutz. Plötzlich erblickten wir auf dem Turm der Kirche eines in der Nähe liegenden Dorfes eine weiße Fahne. Wir gingen dorthin, meldeten uns beim Bürgermeister und baten, in einer Scheune übernachten zu dürfen.

10. Mai 1945

“

Vernehmung des Meisters der Feuerschutzpolizei Hans Wolf
Stadtarchiv Rostock - 2.5.25. – 230 Bereinigung der Wirtschaft

[...]
Am 1. Mai, erhielt ich vom Major der Feuerschutzpolizei Zander den Befehl, zum Rathaus zu fahren und mich beim Oberbürgermeister zu melden. An der Wohnungstür empfing mich Herr Stadtrat Krause und ging gleich mit mir und zwei Damen zum Wagen und gab mir den Auftrag, zum Petritor hinauszufahren. Am Petritor wurden wir nicht durchgelassen, weil die Brücke gesprengt werden sollte. Krause gab mir dann den Auftrag, zum Mühlendamm zu fahren, um von da aus weiter zu gelangen. Dies war auch nicht möglich, weil die Trecks die Straße versperrten und bereits die Artillerie schoß. Ich erhielt dann Befehl zum Rathaus zurückzufahren. Es ist möglich, daß dies gegen 11 Uhr gewesen ist.

Vor dem Rathaus stand bereits der Wagen des Hauptwachtmeisters der Feuerschutzpolizei Gahl. Krause begab sich wieder in die Wohnung des Oberbürgermeisters und kam nach einiger Zeit mit noch einer Dame und einem Koffer zurück. In meinem Wagen saßen jetzt 3 Damen und Krause. Ich erhielt den Befehl, hinter Gahl herzufahren. In dem Wagen des Oberbürgermeisters saßen, wie ich weiß, der Oberbürgermeister und zwei weitere Personen. Ich glaube, daß die eine Dame, die noch eingestiegen war, die Tochter Volgmanns war. Die Fahrt ging jetzt Richtung Warnemünde durch die Lange Straße, Horst-Wessel Straße, Doberaner Straße und Karl- und Käthe-Hopp Straße. Wir machten dann vor einer Panzersperre halt, durch die wir nicht kommen konnten. An dieser Sperre war Militär. Der Offizier bekam von Volgmann den Befehl, die Panzersperre zu sprengen, damit die beiden Wagen durchfahren konnten. Der Offizier weigerte sich, weil es unmöglich war. Wir sind dann zurückgekehrt zum Schwarzen Weg, um an die Warnemünder Chaussee zu kommen. Es gelang uns aber nicht. Wir kehrten dann wieder um und gelangten zurück an die vorher erwähnte Panzersperre. Diese Sperre war aber nicht gesprengt. Dann sind wir zum Kinderland gefahren. Die Insassen hatten dann die Absicht, mit Booten über die Warnow zu setzten. Es waren aber keine Boote da. [...] Wir fuhren zu Lang, Trotzenburg. Dort steigen die Insassen aus. Ich habe noch einen Koffer in das Zimmer von Lang tragen müssen, Gahl und ich haben dann die Wagen abschließen müssen und sind dann zu unseren Familien zurückgekehrt.

“

Erinnerungen von Ludwig Hellweg

Aus: „Zeitzeugen erinnern sich 1945–1950. Erlebnisberichte aus der Nachkriegszeit in Warnemünde“ (WA/S/3710), Begleitmaterial zur Sonderausstellung „Hamsterfahrten, Klavierkonzerte und ein Hauch von Papyrossi. Erinnerungen an die Nachkriegszeit in Warnemünde 1945–1950“, Warnemünde 2011.

Kinder aufstehen, die Russen kommen, wir müssen fliehen. So wurden wir am 1. Mai 1945 von unserer Mutter geweckt. Rasch packten wir Koffer und Taschen und zogen mit unseren Fahrrädern zum neuen Strom. Dort hatten sich an diesem Tag viele Fluchtwillige versammelt, um mit Schiffen vor den herannahenden Russen zu fliehen. […]

Der Kapitän des sogenannten Vorpostenbootes nahm uns, allerdings ohne Fahrräder, schließlich mit. Gegen Mittag lief unser Boot mit etwa 30 Zivilisten und Soldaten mit Kurs Eckernförde endlich aus. Da viele Schiffe versuchten, die Liegeplätze am neuen Strom so schnell wie möglich zu verlassen, ergab sich ein furchtbares Gedränge, verbunden mit lautstarkem Gedröhne der Schiffssirenen. [...]

Das ursprüngliche Ziel, Eckernförde, war bereits von Engländern besetzt. Am 2. Mai kam das Schiff in Kopenhagen an, von wo aus wir Flüchtlinge per D-Zug an die dänische Westküste zum Hafen Korsör gebracht wurden. Von dort ging es per Fähre weiter über den Großen Belt nach Nyborg. Hier wurden wir in verriegelte Viehwagen verfrachtet und kamen am 3. Mai in Skanderborg an. Nach einigen Wochen wurden wir dann zur Halbinsel Sölund gefahren und mitten im Wald in den von deutschen Soldaten freigezogenen Baracken untergebracht. […] nach mehr als zwei Jahren, am 6. Juni 1947, wurden wir aus dem dänischen Flüchtlingslager in die Heimat entlassen.

Erste öffentliche

Kundgebung

der Kommunistischen Partei Deutschlands
Ortsgruppe Rostock

am 19. Juni 1945, 19.00 Uhr, im **UFA-PALAST**

PROGRAMM

Egmont-Ouverture . . . . von Ludwig van Beethoven

Prometheus . . . . von Johann W. Goethe

12 Jahre illegaler Kampf

Die 10 Punkte im Aktionsprogramm
der Kommunistischen Partei Deutschlands

Die antifaschistische Einheit als wichtigste Aufgabe

Fidelio-Ouverture . . . . . von Ludwig van Beethoven

Der Trauermarsch

Unsere Helden im Kampf gegen den Hitlerfaschismus

Mitwirkende: Kapelle Burmeister / Johannes Lehmann, Mitglied des Stadttheaters Rostock

KPD., Ortsgruppe Rostock

Eintrittskarten 1.— RM. Karten nur an der Abendkasse

Juni

Anfang Juni ließ die Sowjetische Militäradministration in Deutschland (SMAD) die Gründung von Parteien zu. Nach Jahren der Verfolgung konnten sich auch in Rostock Kommunisten und Sozialdemokraten wieder organisieren und gründeten erste Ortsverbände von KPD und SPD. Die CDU folgte im August, die liberale LDPD im November.

Dies waren wichtige Schritte in Richtung einer politischen Selbstbestimmung. Doch die SMAD blieb die unangefochtene Autorität in Rostock und im Land. Bei Neubrandenburg richtete sie das Speziallager Nr. 9 ein. Neben NS-Funktionären wurden hier auch Personen inhaftiert, die sich tatsächlich oder auch nur vermeintlich gegen die Maßnahmen der Militäradministration gestellt hatten.

Und diese hatte eigene Interessen. Ab dem 1. Juni begann die Demontage großer Teile der städtischen Industrie. Insgesamt wurden in Rostock und Warnemünde etwa 30 Betriebe abgebaut und als Reparationsleistung in die Sowjetunion gebracht. Auch die Infrastruktur der Region fiel diesen Aktionen zum Opfer. Die Bahnlinie zwischen Rostock und Schwaan etwa wurde im Juni komplett demontiert.

Bekanntmachung der KPD, Ortsgruppe Rostock
Rostock, Juni 1945
Druck: Adlers Erben
Rostock, Kulturhistorisches Museum V 11652

Fremd in Rostock

Jahrelang hatte man Millionen Menschen ins Deutsche Reich verschleppt. Die Rückkehr in ihre Herkunftsländer war nicht über Nacht möglich. Auch in Rostock hielten sich lange nach Kriegsende tausende befreite Zwangsarbeiter und Kriegsgefangene auf. Sie brauchten Unterkunft und Verpflegung. Manche von ihnen kehrten auf eigene Faust zurück, andere mussten das Leben in Lagern fortsetzen.

Die Sowjetische Militäradministration übernahm am 15. Mai ein ehemaliges Zwangsarbeiterlager in der Thierfelderstraße. Hier erwarteten nun Tausende auf engstem Raum die Rückkehr in ihre Heimat. Bis Ende 1946 wurde das Lager für etwa 50000 Menschen zur Zwischenstation auf dem Weg nach Hause.

In Rostock kamen währenddessen täglich weitere Flüchtende an. Zunächst versuchte die Verwaltung sie möglichst rasch wieder wegzuschicken. Nahrung und Wohnraum waren knapp. Und noch dachten viele, die Flucht sei vorübergehend. Als jene, die sich zur Heimkehr entschlossen hatten, dann an den neuen Grenzen im Osten abgewiesen wurden, änderte das die Situation grundsätzlich. Die Flucht von mehreren Millionen Menschen wurde nun dauerhaft, aus Flüchtlingen waren sogenannte Umsiedler geworden.

Ein erster Verteilungsplan Ende Juli sah für Mecklenburg die Aufnahme von 3 bis 5 Millionen Umsiedlern vor. Rostock sollte 50000 Menschen aufnehmen, der Landkreis 170000. Dies war nicht zu schaffen. Am 31. August befanden sich bereits etwa 10000 Geflüchtete in der Stadt, im Landkreis waren es 46000. Für die Unterbringung nutzte man vor allem Schulen wie die St. Georg Schule, ab Oktober auch ehemalige Zwangsarbeiterlager in Dierkow und Evershagen.

Schlesische Flüchtlinge in Tracht vor dem Kröpeliner Tor
Rostock, 1947
Foto: Gerhard Gronefeld
Berlin, bpk/Deutsches Historisches Museum

Barackenlager in der Thierfelderstraße
Rostock, 1944
Luftbild: Fotograf unbekannt
Bildarchiv Foto Marburg

Das Repatriierungslager in der Thierfelderstraße, am 15. Mai von der Roten Armee übernommen, war ursprünglich für 5000 Menschen ausgelegt. Mitte Juni befanden sich in ihm jedoch bereits 7940 Personen. Hier warteten vor allem Frauen und Kinder auf ihre Rückkehr in die Sowjetunion. Insgesamt durchliefen 50000 Menschen das Lager. Es bestand bis Ende 1946.

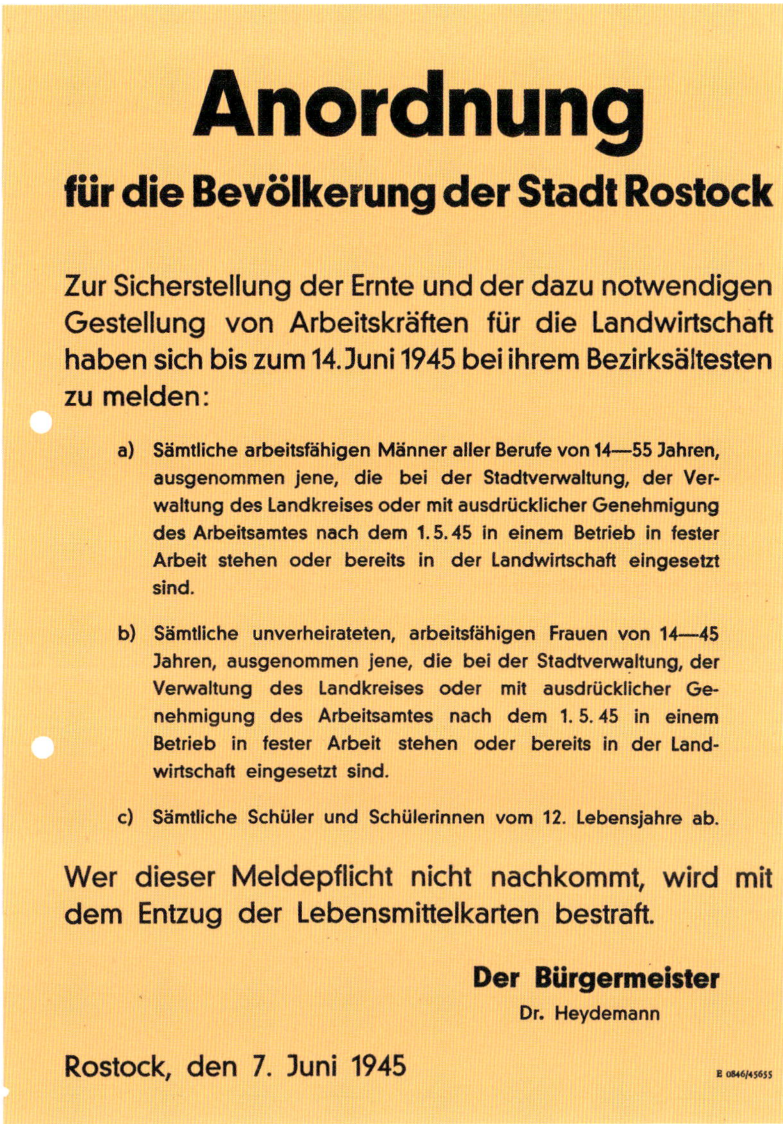

Anordnung

für die Bevölkerung der Stadt Rostock

Zur Sicherstellung der Ernte und der dazu notwendigen Gestellung von Arbeitskräften für die Landwirtschaft haben sich bis zum 14. Juni 1945 bei ihrem Bezirksältesten zu melden:

a) **Sämtliche arbeitsfähigen Männer aller Berufe von 14—55 Jahren, ausgenommen jene, die bei der Stadtverwaltung, der Verwaltung des Landkreises oder mit ausdrücklicher Genehmigung des Arbeitsamtes nach dem 1. 5. 45 in einem Betrieb in fester Arbeit stehen oder bereits in der Landwirtschaft eingesetzt sind.**

b) **Sämtliche unverheirateten, arbeitsfähigen Frauen von 14—45 Jahren, ausgenommen jene, die bei der Stadtverwaltung, der Verwaltung des Landkreises oder mit ausdrücklicher Genehmigung des Arbeitsamtes nach dem 1. 5. 45 in einem Betrieb in fester Arbeit stehen oder bereits in der Landwirtschaft eingesetzt sind.**

c) **Sämtliche Schüler und Schülerinnen vom 12. Lebensjahre ab.**

Wer dieser Meldepflicht nicht nachkommt, wird mit dem Entzug der Lebensmittelkarten bestraft.

Der Bürgermeister
Dr. Heydemann

Rostock, den 7. Juni 1945

E 0846/45655

Anordnung an die Bevölkerung der Stadt Rostock
Rostock, 7. Juni 1945
Druck
Rostock, Kulturhistorisches Museum V 11651

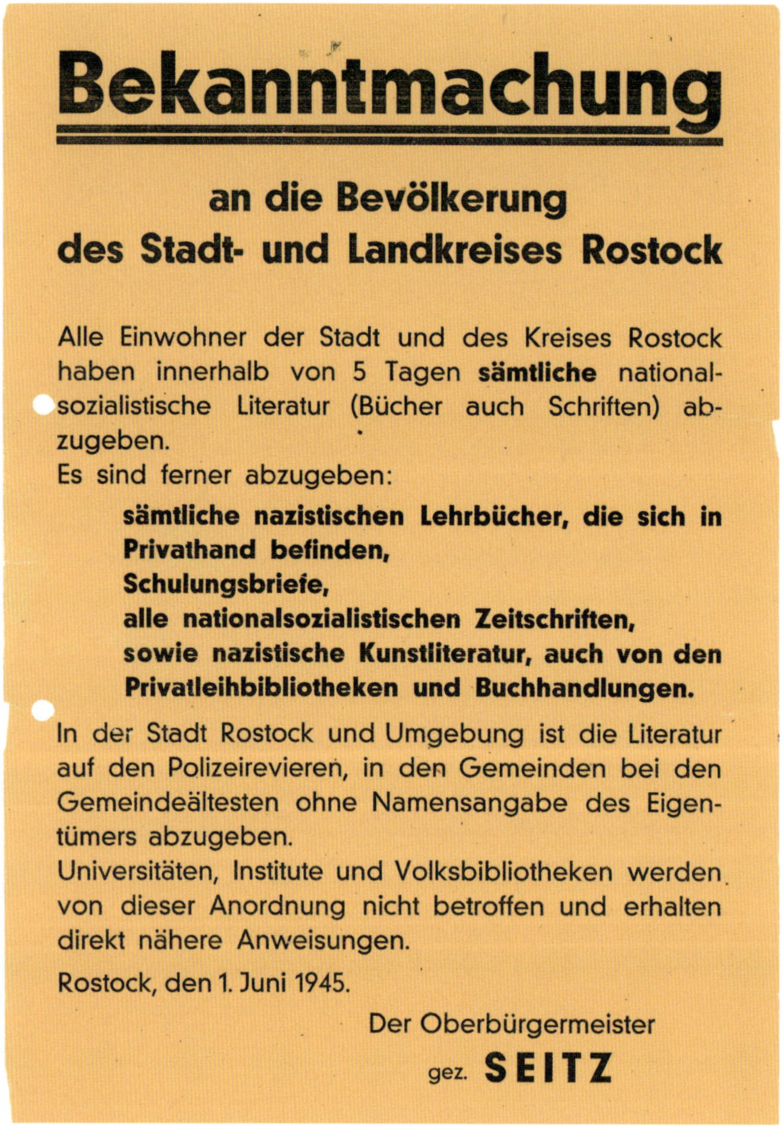

Bekanntmachung

an die Bevölkerung des Stadt- und Landkreises Rostock

Alle Einwohner der Stadt und des Kreises Rostock haben innerhalb von 5 Tagen **sämtliche** nationalsozialistische Literatur (Bücher auch Schriften) abzugeben.
Es sind ferner abzugeben:

> **sämtliche nazistischen Lehrbücher, die sich in Privathand befinden,**
> **Schulungsbriefe,**
> **alle nationalsozialistischen Zeitschriften,**
> **sowie nazistische Kunstliteratur, auch von den Privatleihbibliotheken und Buchhandlungen.**

In der Stadt Rostock und Umgebung ist die Literatur auf den Polizeirevieren, in den Gemeinden bei den Gemeindeältesten ohne Namensangabe des Eigentümers abzugeben.
Universitäten, Institute und Volksbibliotheken werden von dieser Anordnung nicht betroffen und erhalten direkt nähere Anweisungen.

Rostock, den 1. Juni 1945.

Der Oberbürgermeister
gez. **SEITZ**

Bekanntmachung an die Bevölkerung des Stadt- und Landkreises Rostock
Rostock, 1. Juni 1945
Druck
Rostock, Kulturhistorisches Museum V 11640

Die dringendste Aufgabe der deutschen Bevölkerung!

Heute steht vor der deutschen Bevölkerung in ganzer Größe die unaufschiebbare Aufgabe der Liquidierung der durch den Krieg verursachten Ernährungsschwierigkeiten und die Sicherstellung der Lebensmittelversorgung für den Winter 1945-46. Die Durchführung dieser Aufgabe hängt voll und ganz davon ab, wie, mit welchem Eifer und mit welcher Organisiertheit die Landbevölkerung mit Hilfe der Stadtbevölkerung die Feldarbeiten durchführen wird.

Welches sind die grundlegenden landwirtschaftlichen Arbeiten in der vor uns liegenden Periode? —

Unerläßlich ist es, sofort mit dem Jäten der Kartoffel- und Gemüsefelder zu beginnen, wenn sie nicht im Unkraut ersticken sollen. Allgemein wird es notwendig sein, den Boden mit Kunstdünger zu kräftigen, denn die Aecker Pommerns und Mecklenburgs leiden sowieso Mangel an gewissen wichtigen mineralischen Stoffen, die gerade für den Kartoffel- und Gemüsebau von besonderer Wichtigkeit sind.

Neben diesen Arbeiten muß mit der Heuernte begonnen werden. Die schnelle und rechtzeitige Durchführung der Heuernte bildet die Futtergrundlage für das Vieh und gibt der Bevölkerung die Möglichkeit, die Heulieferungen an die Rote Armee zu erfüllen.

Die wichtigste Aufgabe der kommenden Zeit aber ist die Einbringung der Getreideernte. Darauf muß jetzt schon alles vorbereitet werden. Jeder deutsche Mann und jede deutsche Frau muß darauf bedacht sein, daß die Ernte gut organisiert wird und ohne Verluste vor sich geht. Zu diesem Zwecke ist vor allem unbedingt notwendig, mit beschleunigtem Tempo die Geräte nachzusehen und in Ordnung zu bringen: **Garbenbinder, Sensen, Dreschflegel, Sortiermaschinen und Lokomobilen,** wo es welche gibt. Es ist notwendig, die Kräfte so zu verteilen, daß **jeder Quadratmeter Bodens abgeerntet wird.**

Eine wichtige Aufgabe der Bevölkerung ist ferner die **Vorbereitung der Winteraussaat** im kommenden Herbst. Eine rasche Durchführung der Aussaat im Herbst gibt die Gewähr einer normalen Lebensmittelversorgung im nächsten Jahre. Zu dem Zwecke ist es notwendig, sofort mit dem Auflockern der Brachfelder zu beginnen, sie mit dem notwendigen Mineraldünger zu versehen und in entsprechendem Maße auch mit Stalldung. Da, wo kein freier Boden vorhanden ist, müssen die Futtergräser sofort abgeerntet werden und nach dem zweiten bis dritten Jahre auch diese Felder für die Winteraussaat zubereitet werden.

Das sind für die deutsche Bevölkerung die grundlegend wichtigsten Aufgaben in der Landwirtschaft, von deren Durchführung die künftige Lebensmittelversorgung abhängt. Dabei handelt es sich nicht nur um Aufgaben der Land-, sondern auch der Stadtbevölkerung. **Die Städte müssen den Dörfern die maximalste Hilfe erweisen.** In den schweren Tagen der Ernte ist es die Aufgabe der Stadtverwaltungen, den größten Teil der Stadtbevölkerung den Dörfern zuzuteilen. Die Bürgermeister und Dorfältesten haben rechtzeitig für genügend Arbeitskräfte zu sorgen und diese entsprechend auf die einzelnen Höfe aufzuteilen.

Die deutsche Bevölkerung in Stadt und Land soll eines erkennen und stets daran denken: Die Sicherung der Ernährung liegt allein in ihrer Hand. Wenn jeder deutsche Mann und jede deutsche Frau unter Aufbietung aller Kräfte auf dem Felde mitarbeiten wird, dann wird die Lebensmittelversorgung beschleunigt geregelt werden können und jegliche Ernährungsschwierigkeit in Kürze behoben sein.

Leitartikel der „Deutschen Zeitung" Nr. 12 — vom 5. Juni 1945

Leitartikel der Deutschen Zeitung Nr. 12 vom 5. Juni 1945 als Plakat
Rostock, Juni 1945
Druck
Rostock, Kulturhistorisches Museum V 7602

Anordnung.

Um die Versorgung der werktätigen Bevölkerung mit Lebensmitteln und anderen Gütern des täglichen Bedarfs sicherzustellen, ordne ich für den

Stadtkreis und den Landkreis Rostock

folgendes an:

1) Alle Lebensmittel und anderen Güter, die am 1. Mai 1945 einer behördlichen Zwangswirtschaft unterlagen, bleiben bis auf weiteres unter dieser Wirtschaftsform.
2) Die Lenkung der Herstellung und Verteilung sowie die Neufestsetzung von Preisen obliegt den von mir neu errichteten Wirtschaftsämtern und Ernährungsämtern.
3) Die Erzeuger landwirtschaftlicher und gärtnerischer Produkte haben bis zum Inkrafttreten einer anderen Regelung die ihnen aufgegebenen Anbauflächen innezuhalten und die ihnen auferlegten einmaligen und laufenden Ablieferungen zu den festgesetzten Preisen durchzuführen.
4) Alle Großhändler und verarbeitenden Betriebe haben unter Beachtung der von den Wirtschaftsämtern und Ernährungsämtern ergehenden Anordnungen auch weiterhin für die Anlieferung und Verarbeitung von Lebensmitteln und anderen Gütern zu sorgen und diese nach den Anweisungen der Wirtschaftsämter und der Ernährungsämter zu den festgesetzten Preisen weiterzuleiten.
5) Die Einzelhändler haben Lebensmittel und andere Güter, die am 1. Mai 1945 nur gegen Bezugsberechtigung verkauft werden durften, auch weiterhin nur gegen Bezugsberechtigungen der Wirtschaftsämter und der Ernährungsämter und zu den an diesem Tage geltenden Preisen zu verkaufen.
6) Zuwiderhandlungen gegen diese Bestimmungen werden bestraft.

Rostock, den 16. Juni 1945.

Der Oberbürgermeister
des Stadt- und Landkreises Rostock
Seitz.

Adlers Erben, Rostock 579

Anordnung
Rostock, 16. Juni 1945
Druck: Adlers Erben
Rostock, Stadtarchiv 2.1.0.83

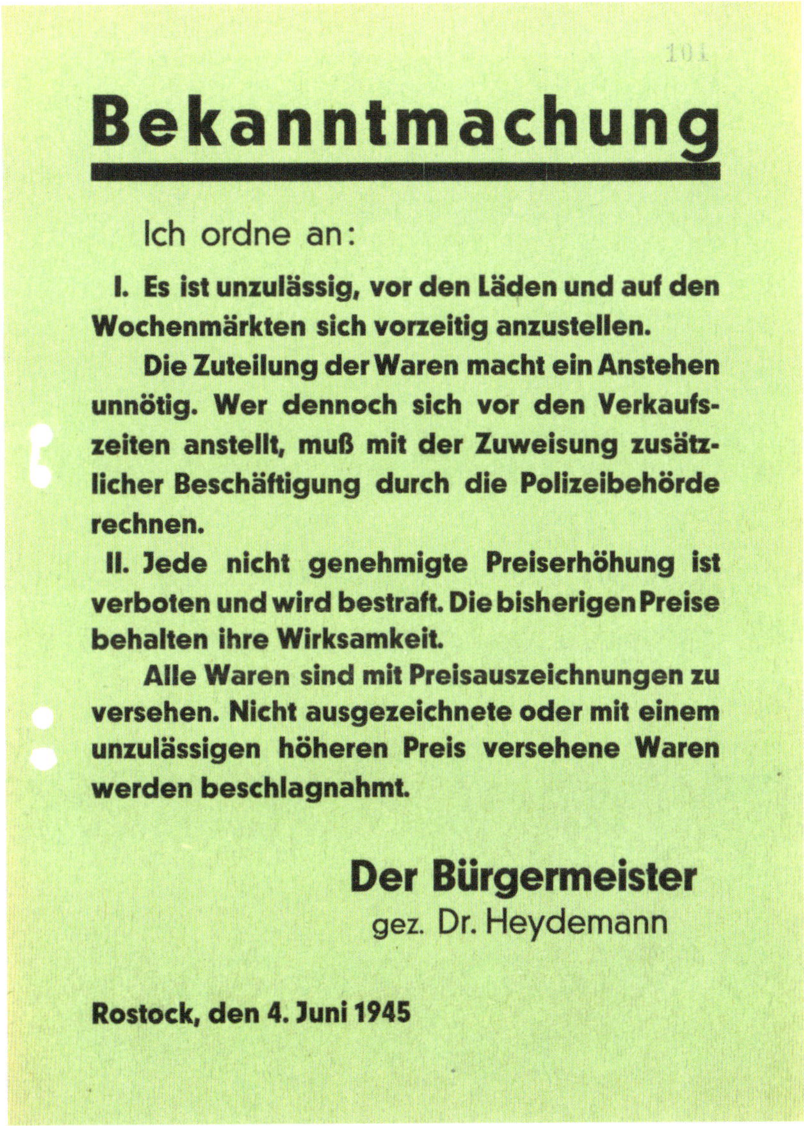

101

Bekanntmachung

Ich ordne an:

I. Es ist unzulässig, vor den Läden und auf den Wochenmärkten sich vorzeitig anzustellen.

Die Zuteilung der Waren macht ein Anstehen unnötig. Wer dennoch sich vor den Verkaufszeiten anstellt, muß mit der Zuweisung zusätzlicher Beschäftigung durch die Polizeibehörde rechnen.

II. Jede nicht genehmigte Preiserhöhung ist verboten und wird bestraft. Die bisherigen Preise behalten ihre Wirksamkeit.

Alle Waren sind mit Preisauszeichnungen zu versehen. Nicht ausgezeichnete oder mit einem unzulässigen höheren Preis versehene Waren werden beschlagnahmt.

Der Bürgermeister
gez. Dr. Heydemann

Rostock, den 4. Juni 1945

Bekanntmachung
Rostock, 4. Juni 1945
Druck
Rostock, Stadtarchiv 2.1.0.83

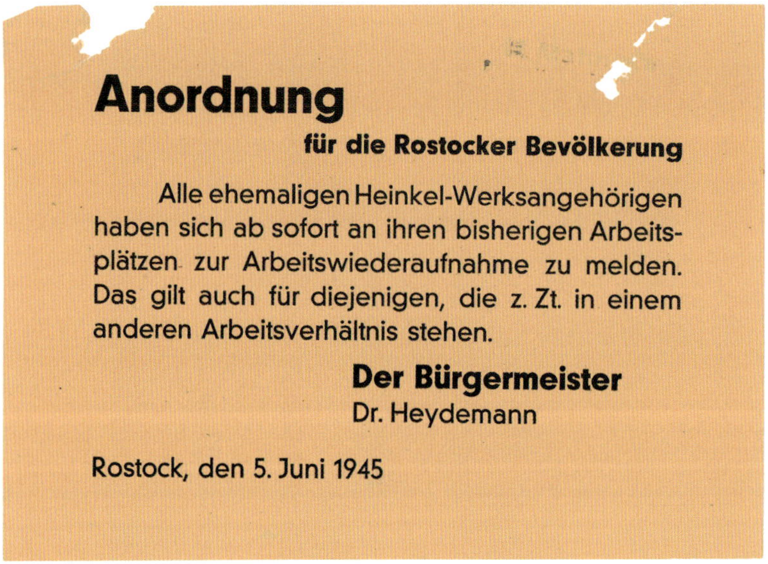

Anordnung

für die Rostocker Bevölkerung

Alle ehemaligen Heinkel-Werksangehörigen haben sich ab sofort an ihren bisherigen Arbeitsplätzen zur Arbeitswiederaufnahme zu melden. Das gilt auch für diejenigen, die z. Zt. in einem anderen Arbeitsverhältnis stehen.

Der Bürgermeister
Dr. Heydemann

Rostock, den 5. Juni 1945

Bekanntmachung
Rostock, 5. Juni 1945
Druck
Rostock, Kulturhistorisches Museum V 7601

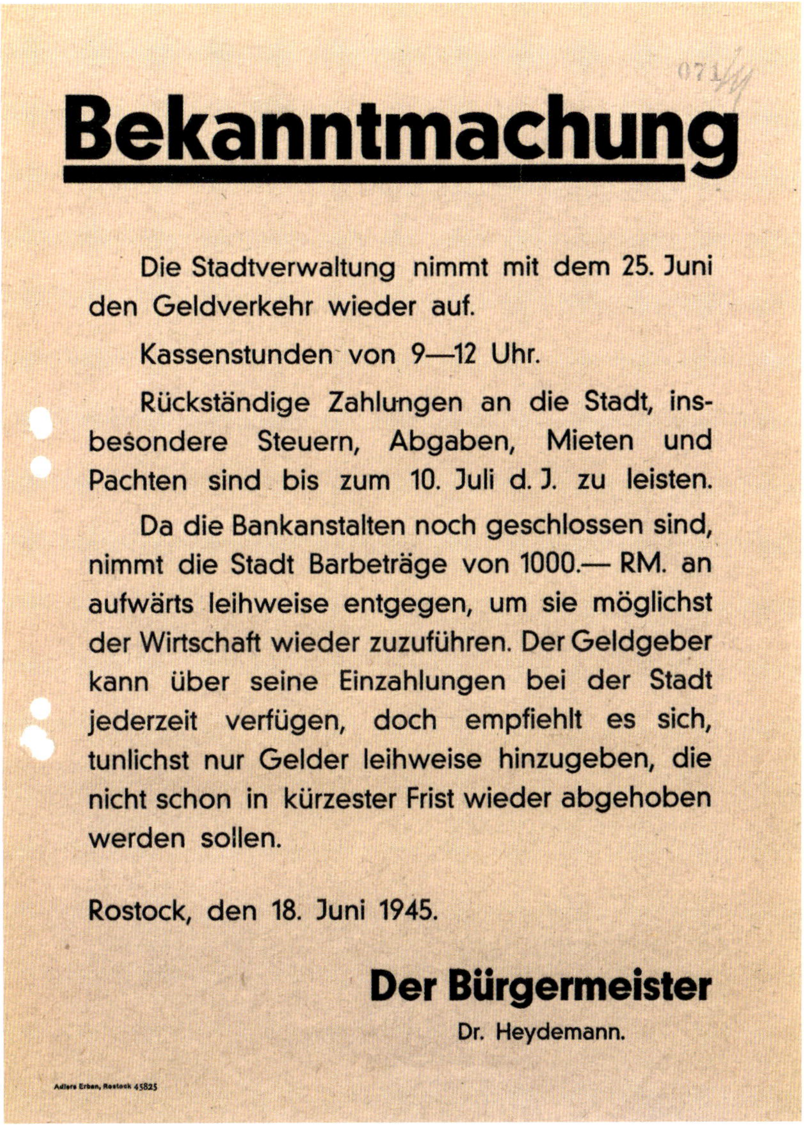

Bekanntmachung

Die Stadtverwaltung nimmt mit dem 25. Juni den Geldverkehr wieder auf.

Kassenstunden von 9—12 Uhr.

Rückständige Zahlungen an die Stadt, insbesondere Steuern, Abgaben, Mieten und Pachten sind bis zum 10. Juli d. J. zu leisten.

Da die Bankanstalten noch geschlossen sind, nimmt die Stadt Barbeträge von 1000.— RM. an aufwärts leihweise entgegen, um sie möglichst der Wirtschaft wieder zuzuführen. Der Geldgeber kann über seine Einzahlungen bei der Stadt jederzeit verfügen, doch empfiehlt es sich, tunlichst nur Gelder leihweise hinzugeben, die nicht schon in kürzester Frist wieder abgehoben werden sollen.

Rostock, den 18. Juni 1945.

Der Bürgermeister
Dr. Heydemann.

Adlers Erben, Rostock 45825

Bekanntmachung
Rostock, 18. Juni 1945
Druck: Adlers Erben
Rostock, Stadtarchiv 2.1.0.83

“

18. Juni 1945

Aus: **Bericht des Beauftragten für die Milch- und Butterversorgung an den Bürgermeister**
Stadtarchiv Rostock. 2.1.0. – 212 Wiederaufnahme des Wirtschaftslebens

Die Lage auf dem Milch- und Buttermarkt hat sich in letzter Zeit derart verschlechtert, daß wir in Kürze mit einem völligen Zusammenbruch rechnen müssen. Die Milchanlieferung nach Rostock ist um 50% gesunken. Die Gründe dafür sind folgende:

1. Die Erzeuger sind größtenteils zum Schleichhandel übergegangen. Die Rostocker Frauen ziehen morgens und abends in die Umgebung und versuchen durch Tausch oder durch falsche Angaben das Mitleid der Kuhhälter zu erwecken und hamstern große Mengen Milch ein.
2. Weiter bieten sich hiesige Frauen russischen Soldaten an und erhalten mit deren Hilfe eimerweise Milch.
3. Die Lager an der Stadtweide und beim Sportpalast fordern unter Waffengewalt täglich 1000 – 1500 Ltr. Vollmilch. Wird diese nicht sofort gegeben, so werden die Kannen vom Wagen gestohlen.
4. Durchziehende Frauen nehmen Milch, wo welche gefunden wird.
5. Die Maul und Klauenseuche ist in unser Gebiet eingeschleppt und wird durch Übelstände täglich weiter verschleppt.
6. Der große Abtrieb des Rindviehs.

Aus: **Schreiben an den Ausschuss zur Bereinigung der Wirtschaft**
Stadtarchiv Rostock: 2.1.0 -224 Tätigkeit des Ausschusses zur Bereinigung der Wirtschaftsbetriebe

25. Juni 1945

Bei der heutigen Ausschusssitzung wurden 13 Fälle bearbeitet. Hierbei wurde mir klar, dass die Arbeit des Ausschusses, die gemeldeten Betriebsinhaber auf politische Zuverlässigkeit zu prüfen, sinnlos ist, weil diese Betriebsinhaber alle Mitglied der NSDAP sind. Um die politische Zuverlässigkeit eines Mitgliedes der NSDAP zu prüfen, bedarf es keiner Vollsitzung von 5 Männern. Es ist versäumte Zeit, sich mit diesen Fällen zu befassen, sondern müssten diese Betriebsführer automatisch restlos abgesetzt werden. Die Vorgeladenen bringen immer wieder dieselben Argumente vor, wie z.B. Muss-Nazi, kennen kaum noch den Unterschied zwischen einem Parteiabzeichen und dem Abzeichen der Frauenschaft, wissen nicht mehr, zu welchem Zeitpunkt sie in der Partei waren, lehnen grundsätzlich ab, Ämter in der Partei gehabt zu haben, geben dies nur zu, wenn man es ihnen beweisen kann. Diese zeitraubende Arbeit könnte man sich tatsächlich sparen, wenn man einfach sämtlichen Mitgliedern der NSDAP die Eigenschaft eines Betriebsführers abspricht.

19. Juni 1945

Aus: **Schreiben an den Ausschuss zur Bereinigung der Wirtschaft**
Stadtarchiv Rostock: 2.1.0 - 224 Tätigkeit des Ausschusses zur Bereinigung der Wirtschaftsbetriebe

[...] Ich war erfreut, dass endlich zur Bereinigung der Wirtschaft eine derartige Einrichtung geschaffen wurde. Umso mehr war ich enttäuscht, als ich von der geplanten Arbeitsweise dieses Ausschusses hörte. Auch über die Frage, wie man mit den Parteigenossen verfahren sollte, war ich sehr enttäuscht. Hier ging man von der Meinung aus, dass ein Parteigenosse, der gezwungen Mitglied der NSDAP geworden ist und dessen Leumund gut wäre, anders zu behandeln sei, wie diejenigen Parteigenossen, die aktiv tätig waren oder einen Posten in der Partei bekleideten. Meine Meinung, dass es in den freien Berufen einen Zwang in dieser Form überhaupt nicht gegeben hat, wurde zur Kenntnis genommen, aber man versuchte, mir an Hand von herangezogenen Beispielen klar zu machen, dass es auch dort Ausnahmen gibt. Meine Erwiderung war, dass diese Ausnahmen prozentual überhaupt nicht auszudrücken wären und man sich infolgedessen hiermit überhaupt nicht zu beschäftigen hätte. [...]

Wenn ich auch das Führerprinzip der Nationalsozialisten im Grunde genommen ablehne, so ist nach meinem Dafürhalten doch noch richtiger, statt des gesamten Ausschusses, der in dieser Form keine wertvolle Arbeit leisten kann, einen einzigen Mann einzusetzen, der den Mut hat verantwortungsbewusst und ohne jegliche Kompromisse seine Entscheidung zu treffen oder in einem anderen Falle den Ausschuss in gleicher Stärke zusammenzusetzen, der gleichfalls mit Herren, die nicht alles mit dem Mantel der Nächstenliebe zudecken wollen, besetzt ist.

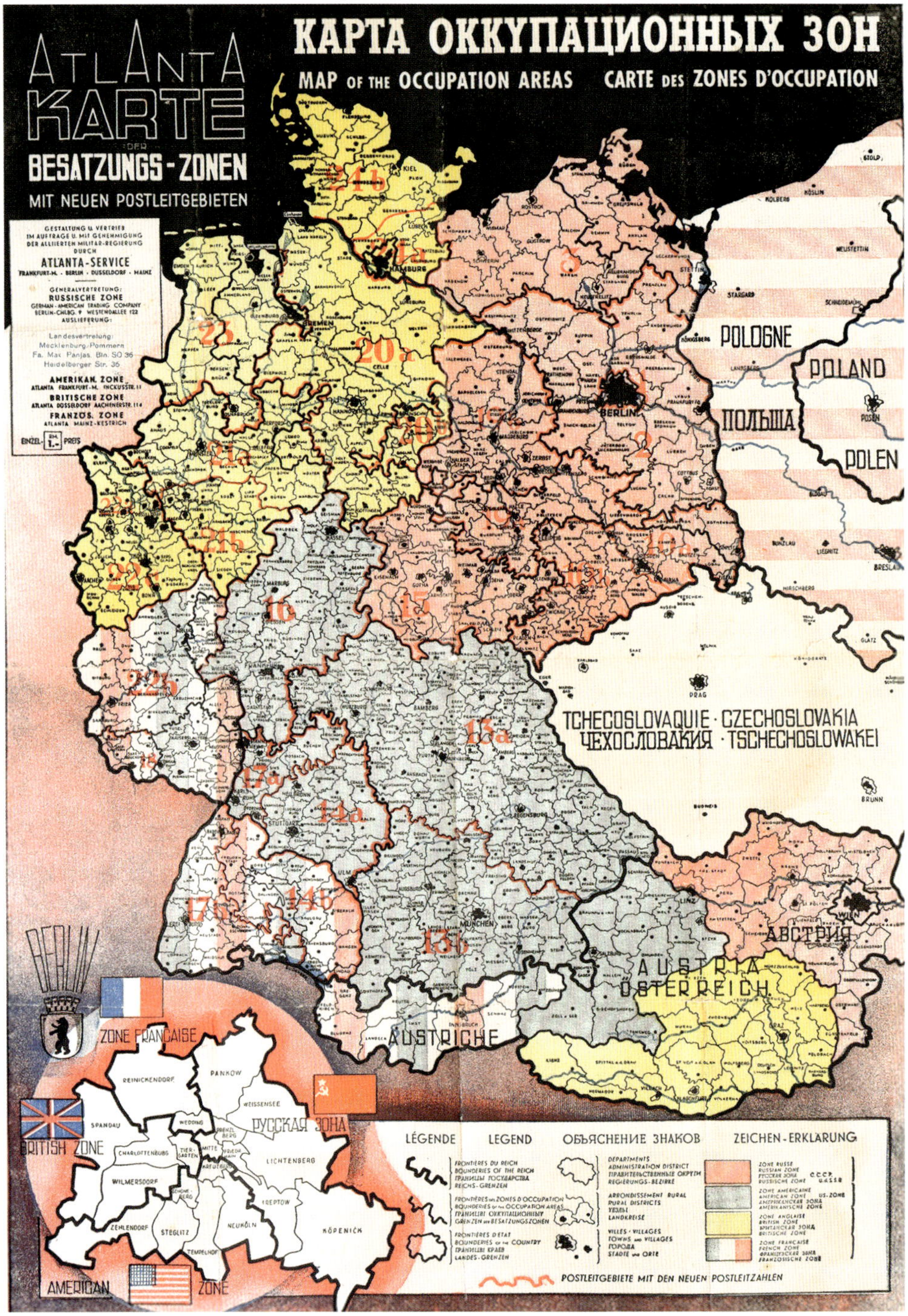
КАРТА ОККУПАЦИОННЫХ ЗОН
MAP OF THE OCCUPATION AREAS
CARTE DES ZONES D'OCCUPATION
ATLANTA KARTE DER BESATZUNGS-ZONEN
MIT NEUEN POSTLEITGEBIETEN
GESTALTUNG U. VERTRIEB IM AUFTRAGE U. MIT GENEHMIGUNG DER ALLIIERTEN MILITAR-REGIERUNG DURCH
ATLANTA-SERVICE
FRANKFURT-M. · BERLIN · DUSSELDORF · MAINZ
GENERALVERTRETUNG:
RUSSISCHE ZONE
GERMAN-AMERICAN TRADING COMPANY
BERLIN-CHLBG. 9 WESTENDALLEE 122
AUSLIEFERUNG:
Landesvertretung:
Mecklenburg-Pommern
Fa. Max Panjas, Bln. SO 36
Heidelberger Str. 35
AMERIKAN. ZONE
ATLANTA FRANKFURT-M. INCKUSSTR. 11
BRITISCHE ZONE
ATLANTA DÜSSELDORF AACHENERSTR. 114
FRANZÖS. ZONE
ATLANTA MAINZ-KESTRICH
EINZEL- RM. 1.- PREIS
POLOGNE
POLAND
ПОЛЬША
POLEN
BERLIN
TCHECOSLOVAQUIE · CZECHOSLOVAKIA
ЧЕХОСЛОВАКИЯ · TSCHECHOSLOWAKEI
AUSTRIA
ÖSTERREICH
АВСТРИЯ
AUSTRICHE
ZONE FRANÇAISE
BRITISH ZONE
РУССКАЯ ЗОНА
AMERICAN ZONE
REINICKENDORF
PANKOW
WEISSENSEE
SPANDAU
WEDDING
CHARLOTTENBURG
TIERGARTEN
MITTE
LICHTENBERG
WILMERSDORF
KREUZBERG
TREPTOW
ZEHLENDORF
STEGLITZ
NEUKÖLN
TEMPELHOF
KÖPENICK
LÉGENDE
LEGEND
ОБЪЯСНЕНИЕ ЗНАКОВ
ZEICHEN-ERKLÄRUNG
FRONTIÈRES DU REICH
BOUNDERIES OF THE REICH
ГРАНИЦЫ ГОСУДАРСТВА
REICHS-GRENZEN
FRONTIÈRES DES ZONES D'OCCUPATION
BOUNDERIES OF THE OCCUPATION AREAS
ГРАНИЦЫ ОККУПАЦИОННЫХ
GRENZEN DER BESATZUNGSZONEN
FRONTIÈRES D'ETAT
BOUNDERIES OF THE COUNTRY
ГРАНИЦЫ КРАЕВ
LANDES-GRENZEN
DEPARTMENTS
ADMINISTRATION DISTRICT
ПРАВИТЕЛЬСТВЕННЫЕ ОКРУГИ
REGIERUNGS-BEZIRKE
ARRONDISSEMENT RURAL
RURAL DISTRICTS
УЕЗДЫ
LANDKREISE
VILLES · VILLAGES
TOWNS AND VILLAGES
ГОРОДА
STÄDTE UND ORTE
ZONE RUSSE
RUSSIAN ZONE
РУССКАЯ ЗОНА
RUSSISCHE ZONE
C.C.C.P.
U.d.S.S.R.
ZONE AMERICAINE
AMERICAN ZONE
АМЕРИКАНСКАЯ ЗОНА
AMERIKANISCHE ZONE
US-ZONE
ZONE ANGLAISE
BRITISH ZONE
БРИТАНСКАЯ ЗОНА
BRITISCHE ZONE
ZONE FRANÇAISE
FRENCH ZONE
ФРАНЦУЗСКАЯ ЗОНА
FRANZÖSISCHE ZONE
POSTLEITGEBIETE MIT DEN NEUEN POSTLEITZAHLEN

Juli

Die Nachkriegsgrenzen in Europa sortierten sich. Anfang Juli zogen britische und amerikanische Truppen wie vorher vereinbart aus Mecklenburg ab und in Schwerin und Wismar rückten sowjetische Soldaten ein.

Bereits Ende Juni hatte es in Güstrow und Rostock Gespräche über die zukünftige Landesverwaltung gegeben. Geleitet wurden sie von Gustav Sobottka. Dieser war mit einer von drei „Initiativgruppen“ aus Moskau gekommen und sollte den politischen Aufbau im Sinne der kommunistischen Führung steuern.

Der Befehl Nr. 5 der Sowjetischen Militäradministration vom 9. Juli ordnete die Schaffung von Landesverwaltungen an. Damit konnte auch in Schwerin die „Landesverwaltung Mecklenburg-Vorpommern“ offiziell ihre Arbeit aufnehmen. Präsident wurde der Güstrower Sozialdemokrat Wilhelm Höcker. Rostocks stellvertretender Bürgermeister Heinrich Heydemann ging als künftiger Leiter der Finanzabteilung nach Schwerin.

In Rostock kamen indes immer mehr Flüchtende an. Seit dem 26. Juni wurden diese nicht mehr abgewiesen, sondern in der Stadt untergebracht und versorgt. Bis zu 2000 Menschen erreichten täglich die Stadt. Am 11. Juli richtete man eine Beratungsstelle direkt am Bahnhof ein.

Atlanta Karte der Besatzungs-Zonen
Frankfurt am Main, 1946
Druck: Atlanta-Service
Rostock, Kulturhistorisches Museum V 17106

Anordnungen betr. den Arbeitseinsatz

Zur Bergung der Ernte werden alle männlichen und weiblichen Arbeitskräfte von 14-60 Jahren vom Arbeitsamt eingesetzt. Diese Personen müssen sich, soweit dies noch nicht geschehen, beim Arbeitsamt melden. Sie werden registriert und erhalten ein Arbeitsbuch bzw. eine Ersatzkarte. Bereits vorhandene Arbeitsbücher sind vorzulegen.

Lebensmittelkarten erhalten künftig in den Altersstufen von 14 bis 60 Jahren nur solche Personen, die durch Arbeitsbuch, Ersatzkarte oder andere Ausweise ihren Arbeitseinsatz nachweisen oder im Besitz einer Bescheinigung des Arbeitsamtes sind, daß sie sich zum Arbeitseinsatz gemeldet haben.

Ferner werden Lebensmittelkarten nur ausgehändigt an:

1. Arbeitsunfähige, die dies durch ärztliche Bescheinigung der Vertrauensärzte des Arbeitsamtes nachweisen,
2. Personen über 60 Jahre und Kinder unter 14 Jahre, die ihr Alter durch urkundlichen Nachweis zu führen haben,
3. Arbeitsfähige, die noch nicht zum Arbeitseinsatz herangezogen sind. Diese erhalten einen entsprechenden Sichtvermerk des Arbeitsamtes.

Arbeitsfähige, die sich der Arbeitspflicht entziehen bzw. diese verweigern, erhalten keine Lebensmittelkarten.

Inhabern bzw. Verwaltern von Geschäften, die ohne Erlaubnis des Arbeitsamtes Personal beschäftigen oder Arbeitsbescheinigungen für ihr Personal ausstellen zu dem Zweck, es dem Arbeitseinsatz zu entziehen, wird das Geschäft geschlossen und der vorhandene Warenbestand beschlagnahmt.

Sämtliche Geschäfte haben ihr Personal beim Arbeitsamt zu melden, welches bestimmt, wieviel Personal weiterhin zu beschäftigen ist. Die Nichtbefolgung dieser Anordnung wird mit Geldstrafen in unbegrenzter Höhe und in schwereren Fällen mit Gefängnis und Strafarbeitseinsatz belegt.

Rostock, den 18. Juli 1945.

Arbeitsamt Rostock.

Anordnung betr. den Arbeitseinsatz
Rostock, 18. Juli 1945
Druck: Emil Leverenz
Rostock, Stadtarchiv 2.1.0.83

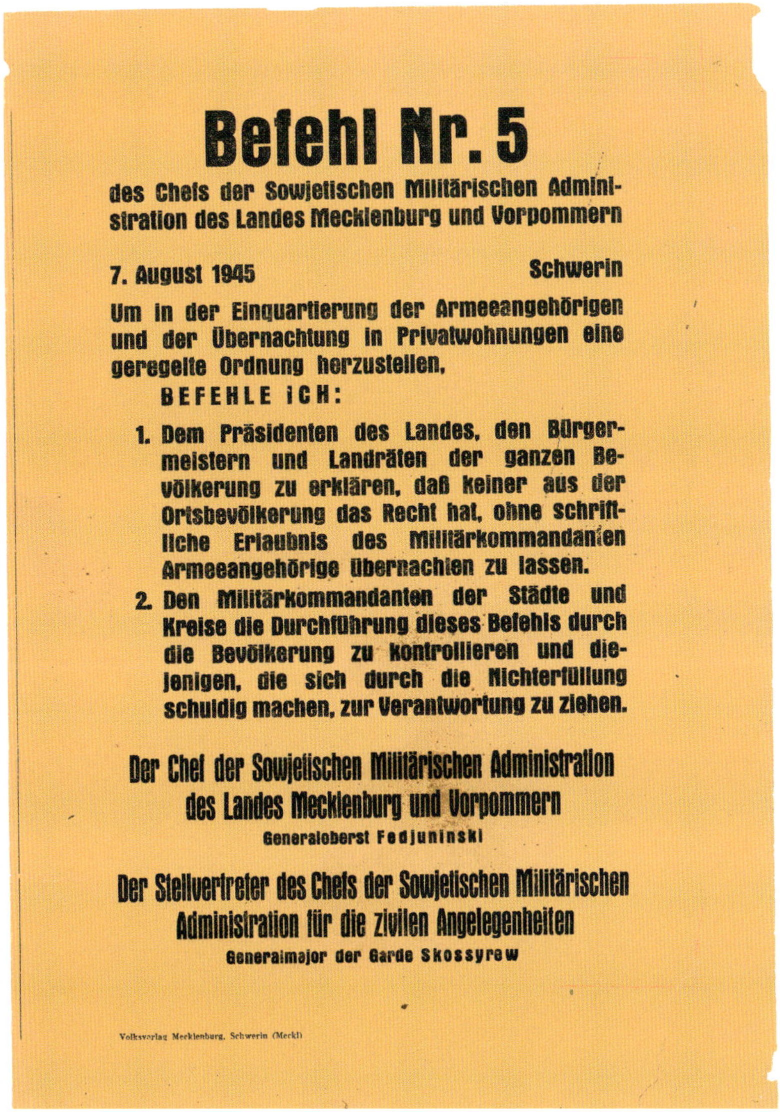

Befehl Nr. 5

des Chefs der Sowjetischen Militärischen Administration des Landes Mecklenburg und Vorpommern

7. August 1945 **Schwerin**

Um in der Einquartierung der Armeeangehörigen und der Übernachtung in Privatwohnungen eine geregelte Ordnung herzustellen,

BEFEHLE ICH:

1. **Dem Präsidenten des Landes, den Bürgermeistern und Landräten der ganzen Bevölkerung zu erklären, daß keiner aus der Ortsbevölkerung das Recht hat, ohne schriftliche Erlaubnis des Militärkommandanten Armeeangehörige übernachten zu lassen.**
2. **Den Militärkommandanten der Städte und Kreise die Durchführung dieses Befehls durch die Bevölkerung zu kontrollieren und diejenigen, die sich durch die Nichterfüllung schuldig machen, zur Verantwortung zu ziehen.**

Der Chef der Sowjetischen Militärischen Administration des Landes Mecklenburg und Vorpommern
Generaloberst Fedjuninski

Der Stellvertreter des Chefs der Sowjetischen Militärischen Administration für die zivilen Angelegenheiten
Generalmajor der Garde Skossyrew

Volksverlag Mecklenburg, Schwerin (Meckl)

Befehl Nr. 5
Rostock, 7. August 1945
Druck: Volksverlag Mecklenburg
Rostock, Kulturhistorisches Museum V 1170/1

Die Frage der Schuld

Der NS-Oberbürgermeister Volgmann und Kreisleiter Dettmann hatten sich das Leben genommen. Gauleiter Friedrich Hildebrandt wurde von britischen Truppen am 12. Mai festgenommen, im März 1947 von einem Militärgericht zum Tode verurteilt und am 5. November 1948 in Landsberg hingerichtet.

Doch Fundament der NS-Herrschaft waren nicht nur einige Funktionäre gewesen. Viele hatten die Diktatur mitgetragen, sie befördert und von ihr profitiert. In Rostock gehörten 1939 über 9200 Menschen der NSDAP an, fast acht Prozent der Bevölkerung. Wie sollte man mit ihnen umgehen? Wer war Täter, wer nur Mitläufer?

Zunächst waren es vor allem die sowjetischen Kommandanturen vor Ort, die NS-Funktionäre suchten und verurteilten. Doch je mehr politische Verantwortung an deutsche Stellen zurückgegeben wurde, desto mehr mussten sich auch diese mit der Frage der Entnazifizierung beschäftigen.

Fest stand: Nationalsozialisten sollten beim Wiederaufbau keine führenden Rollen einnehmen. Bis Anfang Juni wurden 181 ehemalige Parteimitglieder aus der Stadtverwaltung entlassen. Am 15. Juni nahm ein Ausschuss zur Bereinigung der Wirtschaft seine Arbeit auf, setzte Treuhänder für verlassene Betriebe ein und prüfte die vorhandenen Unternehmer auf politische Zuverlässigkeit.

Ende August gab die neue Landesverwaltung Richtlinien für die Entnazifizierung aus. Sie unterschieden nun zwischen „aktiven" und bloß „nominellen" Parteimitgliedern. Doch wer genau „aktives" Parteimitglied gewesen war, blieb oftmals unklar. Auch sollten bei dringend benötigten Spezialisten, wie Ärzten oder Apothekern, Ausnahmen möglich sein. Die Entnazifizierung blieb so oft abhängig von der persönlichen Einschätzung einzelner Entscheidungsträger.

Verordnung

Mit Zustimmung des Herrn Militärkommandanten wird hiermit das Vermögen der Personen, die zu irgend einem Zeitpunkt Mitglieder der NSDAP, der SA, SS, SD oder Gestapo sowie des NSKK, des NS-Fliegerkorps und anderer Nebenorganisationen der Nazipartei waren, sowie das Vermögen aller anderen Personen, die als Verfechter des Nationalsozialismus hervorgetreten sind, sich gegen andere brutal oder gemein verhalten haben und derjenigen, die während des Naziregimes sich unrechtmäßig bereicherten, mit Wirkung vom 1. Mai 1945 beschlagnahmt. Zu den letzteren Personen gehören diejenigen, die von dem Naziregime einträgliche Pfründe in Partei, Staat, Wehrmacht oder Wirtschaft erhielten.

Alle Vermögenswerte, einschließlich Schmuck, Brillanten, Gold, Silber, Kunstgegenstände, Wohnungseinrichtungen u. ä. sind bis zum 10. August 1945 bei der Stadtverwaltung, Prüfstelle, anzumelden.

Die Verschweigung von Nazivermögen hat, neben strenger Bestrafung die Einziehung des **gesamten** Vermögens zur Folge.

Rostock, den 15. Juli 1945.

Chr. Seitz
Oberbürgermeister.

Kuphal
Bürgermeister.

Emil Leverenz, Rostock

Verordnung
Rostock, 15. Juli 1945
Druck: Emil Leverenz
Rostock, Stadtarchiv 2.1.0.83

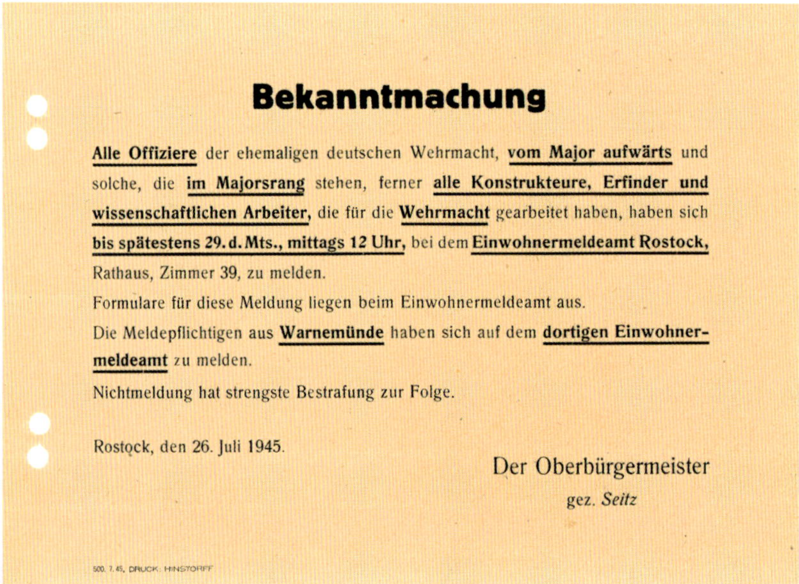

Bekanntmachung

Alle Offiziere der ehemaligen deutschen Wehrmacht, **vom Major aufwärts** und solche, die **im Majorsrang** stehen, ferner **alle Konstrukteure, Erfinder und wissenschaftlichen Arbeiter,** die für die **Wehrmacht** gearbeitet haben, haben sich **bis spätestens 29. d. Mts., mittags 12 Uhr,** bei dem **Einwohnermeldeamt Rostock,** Rathaus, Zimmer 39, zu melden.

Formulare für diese Meldung liegen beim Einwohnermeldeamt aus.

Die Meldepflichtigen aus **Warnemünde** haben sich auf dem **dortigen Einwohnermeldeamt** zu melden.

Nichtmeldung hat strengste Bestrafung zur Folge.

Rostock, den 26. Juli 1945.

Der Oberbürgermeister

gez. *Seitz*

500. 7. 45. DRUCK: HINSTORFF

Bekanntmachung
Rostock, 26. Juli 1945
Druck: Hinstorff Verlag
Rostock, Stadtarchiv 2.1.0.83

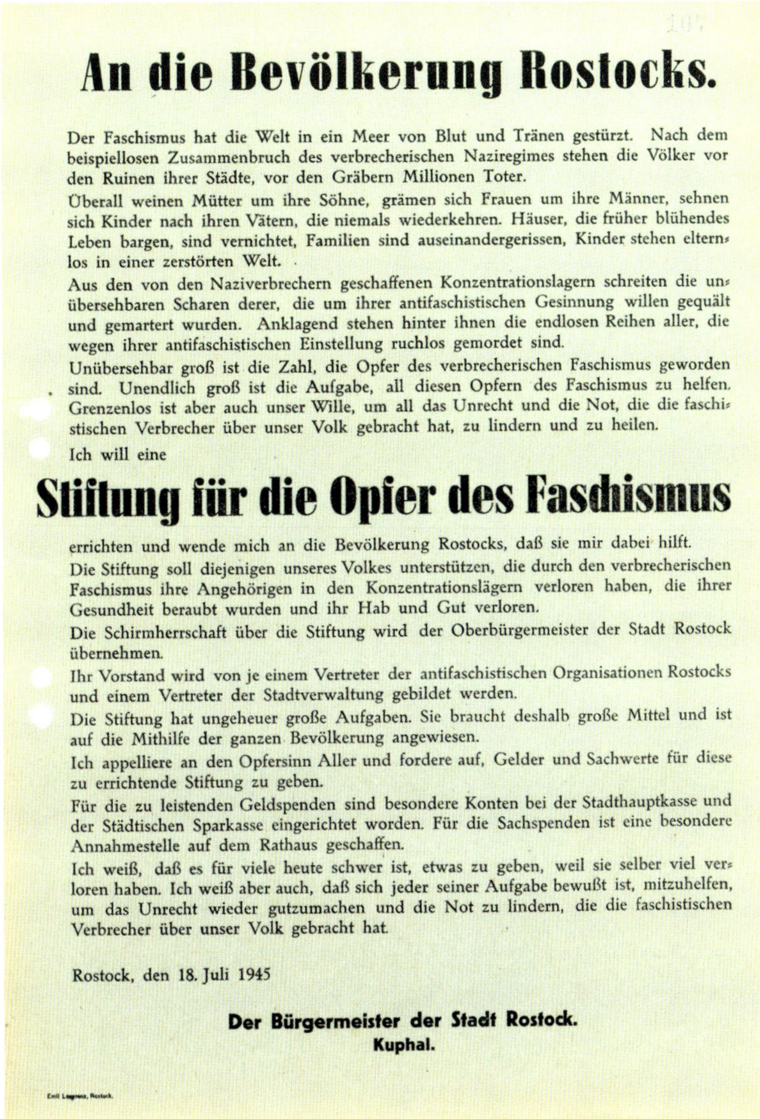

An die Bevölkerung Rostocks.

Der Faschismus hat die Welt in ein Meer von Blut und Tränen gestürzt. Nach dem beispiellosen Zusammenbruch des verbrecherischen Naziregimes stehen die Völker vor den Ruinen ihrer Städte, vor den Gräbern Millionen Toter.

Überall weinen Mütter um ihre Söhne, grämen sich Frauen um ihre Männer, sehnen sich Kinder nach ihren Vätern, die niemals wiederkehren. Häuser, die früher blühendes Leben bargen, sind vernichtet, Familien sind auseinandergerissen, Kinder stehen elternlos in einer zerstörten Welt.

Aus den von den Naziverbrechern geschaffenen Konzentrationslagern schreiten die unübersehbaren Scharen derer, die um ihrer antifaschistischen Gesinnung willen gequält und gemartert wurden. Anklagend stehen hinter ihnen die endlosen Reihen aller, die wegen ihrer antifaschistischen Einstellung ruchlos gemordet sind.

Unübersehbar groß ist die Zahl, die Opfer des verbrecherischen Faschismus geworden sind. Unendlich groß ist die Aufgabe, all diesen Opfern des Faschismus zu helfen. Grenzenlos ist aber auch unser Wille, um all das Unrecht und die Not, die die faschistischen Verbrecher über unser Volk gebracht hat, zu lindern und zu heilen.

Ich will eine

Stiftung für die Opfer des Faschismus

errichten und wende mich an die Bevölkerung Rostocks, daß sie mir dabei hilft.

Die Stiftung soll diejenigen unseres Volkes unterstützen, die durch den verbrecherischen Faschismus ihre Angehörigen in den Konzentrationslägern verloren haben, die ihrer Gesundheit beraubt wurden und ihr Hab und Gut verloren.

Die Schirmherrschaft über die Stiftung wird der Oberbürgermeister der Stadt Rostock übernehmen.

Ihr Vorstand wird von je einem Vertreter der antifaschistischen Organisationen Rostocks und einem Vertreter der Stadtverwaltung gebildet werden.

Die Stiftung hat ungeheuer große Aufgaben. Sie braucht deshalb große Mittel und ist auf die Mithilfe der ganzen Bevölkerung angewiesen.

Ich appelliere an den Opfersinn Aller und fordere auf, Gelder und Sachwerte für diese zu errichtende Stiftung zu geben.

Für die zu leistenden Geldspenden sind besondere Konten bei der Stadthauptkasse und der Städtischen Sparkasse eingerichtet worden. Für die Sachspenden ist eine besondere Annahmestelle auf dem Rathaus geschaffen.

Ich weiß, daß es für viele heute schwer ist, etwas zu geben, weil sie selber viel verloren haben. Ich weiß aber auch, daß sich jeder seiner Aufgabe bewußt ist, mitzuhelfen, um das Unrecht wieder gutzumachen und die Not zu lindern, die die faschistischen Verbrecher über unser Volk gebracht hat.

Rostock, den 18. Juli 1945

Der Bürgermeister der Stadt Rostock.
Kuphal.

Emil Leverenz, Rostock.

Aufruf zur Stiftung für die Opfer des Faschismus
Rostock, 18. Juli 1945
Druck: Emil Leverenz
Rostock, Stadtarchiv 2.1.0.83

13. Juli 1945

Schreiben von Oberbürgermeister Seitz an den Ministerpräsidenten der Provinzialregierung
Stadtarchiv Rostock. 2.1.0. - 212 Wiederaufnahme des Wirtschaftslebens

Sehr geehrter Herr Ministerpräsident,

die Stadtverwaltung Rostock erlaubt sich, Ihnen, Herr Ministerpräsident, folgende Mitteilung zu unterbreiten:
Die Kohlenlage der Stadt ist verzweifelt, in dem vom Hitlerregime hinterlassenen Chaos waren nur geringe Bestände an Kohlen vorhanden. Mit diesen geringen Beständen hat die Stadtverwaltung sparsam zu wirtschaften versucht, um die lebensnotwendigen Betriebe möglichst lange in Gang zu halten. Die am 1.5.45 vorgefundenen Restbestände an Kohlen sind nunmehr verbraucht. Seit heute Vormittag ist das Elektrizitätswerk, das noch 3000 KW Strom erzeugen konnte, ausgeschaltet. Das Wasserwerk kommt zum Erliegen, da es auf Kraftstrom angewiesen ist. Dadurch wird nicht nur das Leben der Stadt stark in Mitleidenschaft gezogen, sondern auch die Gesundheit der Bevölkerung erheblich bedroht.

Es besteht die Möglichkeit, über Güstrow auch für Rostock Strom zu erlangen. Die Stadt Güstrow soll ihren Strom mit einer Überlandleitung von Lübeck beziehen. Da aber ein Stromnetz von Güstrow nach Rostock besteht, könnte zugleich mit Güstrow auch Rostock versorgt werden.

Die Stadt unterbreitet Ihnen, Herr Ministerpräsident, die dringliche Bitte, veranlassen zu wollen, daß der Stadt Rostock tägl. 3000 KW Strom zur Befriedigung des geringsten lebensnotwendigsten Bedarfs zur Verfügung gestellt wird. Die Stadtverwaltung Rostock ist bereit und in der Lage, die Kosten der Stromabnahme zu bezahlen.

Aktennotiz des Rostocker Oberbürgermeisters Seitz

Stadtarchiv Rostock. 2.1.0. - 212 Wiederaufnahme des Wirtschaftslebens

Ich habe gestern Abend den Hauptbahnhof besichtigt. Der Bahnhof war von vielen Menschen umlagert, es handelte sich um Rostocker und um Flüchtlinge. Die Rostocker waren aus Neugierde, oder um Bekannte zu erwarten oder zu suchen, anwesend, die Flüchtlinge wußten teilweise nicht, wo sie Unterkommen finden konnten.

Auf dem Bahnhof selbst lagen Hunderte von Flüchtlingen mit dem Gepäck. Nur ein Bruchteil konnte im Wartesaal 3. Klasse eine Bedachung finden. Der Wartesaal 2. Klasse war überhaupt verschlossen.

Die leitenden Herren des Bahnhofes waren nicht anwesend. Sie waren offenbar aus Schwerin noch nicht zurück. Ich habe mich dann mit dem Aufsichtsbeamten in Verbindung gesetzt und veranlaßt, daß sofort der Wartesaal 2. Klasse geöffnet wurde, damit ein beachtlicher Teil der Menschen dort Unterkunft fand. Der Bahnhofswart hatte für die Flüchtlinge nichts bereitgestellt. Auf meine Anforderung, sofort Kaffee zu kochen, erwiderte er, daß der den Schlüssel zur Küche nicht habe. Ich habe von den Flüchtlingen 2 Männer dazu bestimmt, den Schlüssel für die Küche von der Köchin zu holen und einen weiteren Mann damit beauftragt, das Kochen von Kaffee in großen Bottichen und die Verteilung an die Flüchtlinge zu veranlassen und in die Hand zu nehmen.

Preis 20 Pf. Berlin, Freitag, 10. August 1945

Deutsche Volkszeitung

Nummer 51 Zentralorgan der Kommunistischen Partei Deutschlands 1. Jahrgang

Japan, der letzte Agressor

Von **Franz Dahlem**

Die Sowjetunion befindet sich seit dem gestrigen Tage im Kriegszustand mit Japan. Diese Tatsache ist eine Fortsetzung der konsequenten Politik der Sowjetunion, in Gemeinschaft mit allen friedliebenden demokratischen Völkern, die friedensstörenden aggressiven Kräfte der Welt zu beseitigen. Die Erklärung, die der Volkskommissar Molotow dem japanischen Botschafter überreichte, zeigt eindeutig, welche Beweggründe die Sowjetunion zu diesem Schritt geführt haben.

„Im Hinblick auf die Weigerung Japans, zu kapitulieren" — so heißt es in der Erklärung — „haben sich die Verbündeten an die Sowjetregierung mit dem Vorschlag gewandt, sich dem Krieg gegen die japanische Aggression anzuschließen und damit die Frist bis zur Beendigung des Krieges zu verkürzen, die Zahl der Opfer zu verringern und zur raschesten Wiederherstellung des Weltfriedens beizutragen." Die rascheste Wiederherstellung des Weltfriedens und seine Sicherung ist die Aufgabe, der sich die Sowjetregierung mit allen ihren Kräften gewidmet hat.

Die aggressiven Kräfte der Welt zu vernichten, dazu gehört nach der Zerschlagung des nazistischen Deutschlands der letzte Achsenpartner — Japan. Die japanischen Imperialisten gehören, wie ihre Freunde in Deutschland, zu den brutalsten und raubgierigsten Exemplaren dieser Gattung. Sie waren die Vorbilder Hitlers und Mussolinis, die später nach deren Beispiel die gleichen Raubüberfälle unternahmen.

Im Jahre 1932 begann der große Raubzug der japanischen Imperialisten. Ohne Kriegserklärung, mitten im Frieden, marschierten japanische Truppen in die Mandschurei ein, besetzten dieses Land und bereiteten sich für ihre weiteren Eroberungszüge vor. Von diesem Stützpunkt aus wollte der japanische Imperialismus, nach Ausbau und Stärkung der Stellung, die Eroberung Chinas und den Vorstoß in die Sowjetunion vornehmen. Mit dem Austritt aus dem Völkerbund entledigte sich Japan zunächst einmal eines lästigen Hemmnisses auf dem Wege seiner weiteren Raubziele. Die japanische Rüstung wurde in ungeheurem Tempo ausgebaut.

Fünf Jahre später glaubten sich die japanischen Samurais stark genug, den Eroberungszug gegen China und damit gleichzeitig eine Kampfansage an die großen Mächte der Welt zu wagen. Die japanischen Truppen brachen, auch diesmal wieder ohne Kriegserklärung, in Zentralchina ein. Peking wurde besetzt, Schanghai fiel in ihre Hände. Damit begann der heute bereits acht Jahre währende heroische Freiheitskampf des chinesischen Volkes. Dieser Freiheitskampf, in dem das chinesische Volk der in vieler Beziehung überlegenen japanischen Militärmaschine so tapferen Widerstand entgegensetzte, führte zur ersten Schwächung des gewaltigen japanischen Kriegspotentials. Das Ziel der japanischen faschistischen Imperialisten, mit China so schnell wie möglich fertig zu werden, um ungestörter ihre Raubpläne im südpazifischen Raum fortzusetzen, wurde durch den Kampf der chinesischen Arbeiter, Bauern und Intelligenzler durchkreuzt. Als Japans Mitspieler in Europa, Hitler, zum Schlage ausholte, waren japanische Truppen immer noch in China gefesselt; denn auf dem größten Teil des riesigen chinesischen Reiches wehte die Flagge der Chinesischen Republik.

Der Krieg Hitlers in Europa und seine weitere Ausdehnung nach Nordafrika war dem Tokioter Partner Anlaß, trotz starker Kräftebindung in China seine Pläne zur Eroberung fremder Länder in die Tat umzusetzen. 1941 — durch den Ueberfall auf Pearl Harbour — setzten die japanischen Faschisten ihre Kette von Aggressionen fort und begannen gleichzeitig jenes verbrecherische Abenteuer, das, wenn es nicht in Kürze sein Ende findet, Japan in die Katastrophe führt.

Es finden sich viele Parallelen zu der abenteuerlichen Politik des Hitler-Regimes. Beiden, dem Hitler-Regime und der japanischen faschistischen Diktatur, gemeinsam ist der maßlose Raubtierappetit, sind die blutigen Unterdrückungsmethoden in den von ihnen besetzten Ländern und gegen das eigene Volk, ist die Zerstörungssucht und die Verachtung der Demokratie und des Fortschritts. War die Losung der deutschen Imperialisten: „Auf nach dem Osten" — so war es der „Drang nach dem Westen", den die japanischen Imperialisten auf ihre Fahne schrieben. Ihr Haß gegen die Sowjetunion vereinigte die Achsenpartner. Nur Hitlers Niederlage vor Moskau zwang Japan zur Vorsicht, hielt die japanischen Generale vom Ueberfall auf das Sowjetland ab.

Der Krieg, der den europäischen Kontinent verwüstete, der die Länder Asiens und des Südpazifik heimsucht, der jetzt das japanische Mutterland mit aller Wucht trifft — sein Anfang ist ohne Zweifel im ersten Ueberfall des ersten Aggressors zu finden. Mit ihrem Einbruch in die Mandschurei begannen die japanischen Imperialisten den zweiten Weltkrieg; der Ueberfall Mussolinis auf Abessinien, Hitlers auf Polen und auf die Sowjetunion folgten.

Die Völker, die ihren Verderbern nicht rechtzeitig das Handwerk legten, sie bei ihren Verbrechen unterstützten, haben ein Meer von Leid, Blut und Elend passieren müssen. Auch das japanische Volk erlebt die furchtbarsten Stunden seiner Geschichte. Auch in Japan will eine faschistische Verbrecherregierung Land und Volk in den Untergang führen. Wird der Krieg noch weitergeführt, so steht, durch die neue Waffe, die von den Vereinten Nationen in Anwendung kommt — die Atombombe — Japan vor der völligen Zertrümmerung.

Angesichts der katastrophalen Lage, in die das japanische Volk sich durch seine faschistische Militärclique hat hineinreißen lassen, ersteht vor dem Deutschen Volke selbst erneut das Bild seines eigenen Verhaltens bei der Unterstützung und Duldung der abenteuerlichen und verbrecherischen hitlerischen Kriegspolitik.

Oft hört man jetzt solche Erwägungen, die leider zu spät kommen: Es wäre nötig gewesen, von vornherein mutig und kühn gegen den Krieg zu kämpfen, diese schwere Aufgabe nicht nur den Kommunisten und den Antifaschisten zu überlassen, die dafür in den Tod, in die Zuchthäuser und KZ's gegangen sind. Das hätte gewiß große Opfer gekostet, aber sie wären gering gewesen im Vergleich zu den Millionen an der Front und im Hinterland getöteten Männern und Frauen, gegenüber den ungeheuerlichen Zerstörungen der Städte und Dörfer in den letzten Monaten, gegenüber der Ausblutung der Wirtschaft und der Vernichtung der letzten Reserven des Landes. Und das alles, weil das Deutsche Volk sich bis zur letzten Stunde am Karren des hitlerschen Kriegswagens mitschleppen ließ, also noch zu einer Zeit, wo für jeden Menschen das Verbrecherische der Nazikriegführung bereits erkenntlich sein mußte.

Gerade beim Deutschen Volk also ist heute ein besonderes Verständnis dafür vorhanden, daß für das japanische Volk die Leiden mit jedem weiteren Tage des Krieges ins Ungeheuerliche wachsen müssen, daß es in seinem ureigensten Interesse liegen muß, daß es sofort zum Schluß des Krieges kommt.

Durch den Eintritt der Sowjetunion auf seiten der Verbündeten in den Kampf gegen das faschistische, imperialistische Japan wird die Zerschlagung der japanischen Kriegsmaschine jetzt rascher vor sich gehen. Die Sinnlosigkeit einer weiteren Fortführung des Krieges durch Japan ist offensichtlich. Japans Volk steht vor einer letzten Entscheidung. Die Erklärung der Sowjetregierung gibt darauf klare und eindeutige Antwort. Es heißt darin:

„Die Sowjetregierung ist der Ansicht, daß diese ihre Politik das einzigste Mittel ist, das geeignet ist, den Frieden näherzubringen, die Völker von weiteren Opfern und Leiden zu befreien und dem japanischen Volk die Möglichkeit zu geben, sich vor den Gefahren und Zerstörungen zu bewahren, die Deutschland nach seiner Ablehnung der bedingungslosen Kapitulation durchgemacht hat."

Der Anfang vom Ende

Japan unter den zusammengefaßten Schlägen der Vereinten Nationen

Die erste Atombombe — fast eine Viertelmillion Tote

Washington, 9. August. Der amerikanische Kriegsminister Stimson erstattete dem Präsidenten Truman einen Bericht über die durch die Atombombe in Hiroshima verursachten Zerstörungen. 90 Prozent der Stadt sind dem Erdboden gleichgemacht und etwa 200 000 Menschen kamen ums Leben.

Zweite Atombombe abgeworfen! Nagasaki das Ziel

London, 9. August. Ein heute früh in Guam ausgegebenes Sonderkommuniqué meldet, daß am Mittag japanischer Zeit eine zweite Atombombe auf die große japanische Hafenstadt Nagasaki geworfen wurde. Einzelheiten stehen noch aus, aber die Flugzeugbesatzung meldet stärkste Wirkung.

Die letzte Mahnung: Kapitulation oder Vernichtung!

Washington, 9. August. Ein Vertreter des amerikanischen Kriegsministeriums gab bekannt, daß die Angriffe mit Atombomben vorläufig nicht fortgesetzt werden sollen, um den Japanern Zeit zu lassen, sich doch noch für die bedingungslose Kapitulation zu entscheiden.

USA-Oberbefehlshaber zur russischen Kriegserklärung

Admiral Nimitz

Guam, 9. August. — Admiral Nimitz begrüßte den Eintritt der UdSSR in den Krieg gegen Japan. Er erklärte: „Wir heißen Rußland als mächtigen Partner im Krieg gegen Japan willkommen. Die tapferen, kampferprobten Armeen Rußlands werden, in ihrer vorteilhaften geographischen Stellung gegenüber Japan und verbündet mit den bereits überwältigenden Streitkräften der übrigen Vereinten Nationen, dazu helfen, den Sieg über die Japaner zu beschleunigen. Die Pazifikflotte wird ihrerseits die russischen Anstrengungen unterstützen."

General MacArthur

Manila, 9. August. — Der Oberbefehlshaber im Pazifik, General MacArthur, erklärte am Donnerstag: „Die Kriegserklärung Rußlands wird eine größere Zangenbewegung, die mit der Vernichtung des Feindes enden muß, möglich machen." Er fügte hinzu: „Ich bin über die russische Kriegserklärung an Japan erfreut; in Europa stand Rußland an der Ostfront und die Alliierten im Westen, jetzt stehen die Alliierten im Osten und Rußland im Westen — das Ergebnis wird jedoch dasselbe sein."

Molotow informiert die Presse

Am Abend des 8. August fand im Volkskommissariat für Auswärtige Angelegenheiten der UdSSR eine Pressekonferenz statt, in welcher der Volkskommissar für Auswärtige Angelegenheiten Molotow die Vertreter der Sowjet- und der Auslandspresse mit der Erklärung der Sowjetregierung bekannt machte, die dem japanischen Botschafter in der UdSSR, Herrn Sato, am 8. August übergeben worden war. Molotow teilte mit, daß er nach der Ueberreichung der Erklärung der sowjetischen Regierung an den japanischen Botschafter darüber die Botschafter der Vereinigten Staaten von Amerika, Großbritannien und China informierte.

Molotow beantwortete dann Fragen der Journalisten. Auf die Frage des Berichterstatters der englischen Zeitung „Times", wann sich die Japaner an die Sowjetregierung um einen Vermittlungsvorschlag gewandt haben, antwortete Molotow, daß dieser Vorschlag Mitte Juli einlief. Molotow teilte weiter mit, daß Präsident Truman, Herr Churchill und Herr Attlee über diesen Vorschlag während der Berliner Konferenz informiert wurden.

Der Berichterstatter der Zeitschrift „Time" fragte, durch wen und wann der Vermittlungsvorschlag übergeben wurde. Molotow antwortete, daß der Vorschlag einer Vermittlung der Inhalt einer Sonderbotschaft des japanischen Kaisers war, die der Sowjetregierung durch den japanischen Botschafter, Herrn Sato, Mitte Juli überreicht wurde.

Der Berichterstatter der amerikanischen Agentur Associated Press fragte, ob man damit rechnen könne, daß der Kriegszustand zwischen der UdSSR und Japan sofort nach Mitternacht eintrete. Molotow antwortete bejahend.

Von dem Berichterstatter der Agentur United Press wurde die Frage gestellt, wann und wie Herr Sato abreisen würde. Molotow antwortete, daß die Rückkehr des japanischen Botschafters von der Heimkehr des sowjetischen Botschafters in Japan abhängen werde. Entsprechende Maßnahmen würden unverzüglich getroffen.

Ferner stellte die Presse die Frage, ob die sowjetisch-chinesischen Beziehungen sich auf einen Vertrag stützen werden. Molotow antwortete, daß diese Frage zurzeit gemeinsam mit den Vertretern Chinas, die sich in Moskau befinden, beraten wird. Molotow sprach die Ueberzeugung aus, daß der Vertrag mit China unterzeichnet werden wird.

Der Cäcilienhof in Potsdam

Hier faßten Stalin, Truman und Attlee die historischen Beschlüsse

„Die Alliierten sind nicht gewillt, das deutsche Volk zu vernichten oder in die Sklaverei zu stürzen."

(Aus dem Kommuniqué der Großen Drei)

Foto: Seidenstücker

Der erste sowjetische Heeresbericht aus Fernost

Die Sowjettruppen haben in den ersten Morgenstunden des 9. August (nach fernöstlicher Zeit) in breiter Front die Grenzen der Mandschurei im Küstengebiet, im Bezirk Chabarowsk und in Transbaikalien überschritten.

Im Küstengebiet haben unsere Truppen nach Brechung starken feindlichen Widerstandes die stark befestigte Verteidigungszone der Japaner durchstoßen und sind im Laufe des 9. August bis zu 15 Kilometern vorgerückt. Im Bezirk Chabarowsk haben unsere Truppen in mehreren Abschnitten unter Kämpfen die Flüsse Amur und Ussuri überschritten und dabei die Stadt Foyuan und mehrere andere Ortschaften besetzt.

In Transbaikalien haben unsere Truppen nach Brechung erbitterten feindlichen Widerstands das befestigte Gebiet von Mandschurien-Djalainur im Sturm genommen und dabei die Städte und Eisenbahnstationen Mandschurien und Djalainur besetzt.

Im Gebiet des Sees Buirnur haben unsere Truppen die Ortschaften Jinjinsume und Hushusume besetzt, ohne auf besondern Widerstand zu stoßen.

Im ganzen sind unsere Truppen im Laufe des 9. August um 15 bis 22 Kilometer vorgerückt. Unsere Luftwaffe führte wuchtige Schläge gegen die wichtigsten Eisenbahnknotenpunkte der Mandschurei: Charbin, Djangshun, Kirin und die Häfen Seishin und Rashin.

Auswirkungen der russischen Kriegserklärung

London, 9. August. — Mit dem Eintritt der Sowjetunion in das Schlußstadium des Krieges gegen Japan hat sich der Ring militärischer Stützpunkte für die Durchführung der Offensiven gegen das japanische Mutterland geschlossen. Russische Militärstützpunkte, darunter der große Kriegshafen Wladiwostok, liegen ja nur 900 Kilometer von Tokio entfernt. Die amerikanischen, britischen und sowjetischen Streitkräfte besitzen jetzt zur Niederzwingung Japans überall Ausgangspunkte für die Durchführung von Luftangriffen von noch nie dagewesener Wucht und für alle anderen sonstigen militärischen Operationen.

Die mächtige russische Fernost-Armee, die jetzt zum Angriff gegen die japanischen Streitkräfte in Mandschukuo übergehen dürfte, um den Krieg auch auf dem asiatischen Festland zu beenden, ist völlig auf sich gestellt. Sie blieb während des Krieges in Europa intakt und stützt sich auf die gewaltige Kriegsindustrie der Sowjetunion östlich des Urals.

Englische Pressestimmen zur Kriegserklärung der UdSSR an Japan

London, 9. August. — „Rußlands Kriegserklärung an Japan ist der Gnadenstoß." Dieser Anfangssatz des Leitartikels der **„Daily Mail"** ist typisch für die Aeußerungen der gesamten Presse zu der Entscheidung der Sowjetunion. „Eine neue und nicht weniger furchtbare Katastrophe für Japan" sagt **„Daily Telegraph"**. „Nur noch eine Frage von Wochen, bis der japanische Krieg zu Ende ist", erklärt **„Daily Express"**. „Eine großartige Nachricht für die alliierten Truppen auf diesem riesigen Kriegsschauplatz und für alle, die ihre sichere Rückkehr herbeisehnen", äußert sich der **„Daily Herald"**. Der Militärkritiker der **„News Chronicle"** erklärt: „Japan wird unfähig sein, die Feindseligkeiten länger als bis Ende September fortzusetzen."

Generalleutnant **Martin** stellt im „Daily Telegraph" fest: „Seit der Niederlage Deutschlands bestand niemals Zweifel, daß Rußland früher oder später am Krieg gegen Japan teilnehmen würde. Wir konnten sein Eingreifen nicht früher erwarten. Nur drei Monate sind seit dem Sieg in Europa vergangen. Das ist keine zu lange Spanne, um einen Frontwechsel über zwei Kontinente vorzunehmen."

Im übrigen schließen sich alle Blätter der Erklärung Attlees über die vollste Befriedigung und Freude im Hinblick auf das Eintreten der Sowjetunion in die Front gegen Japan an.

In wenigen Zeilen

• Kandy. — Das Donnerstags-Kommuniqué für Südost-Asien teilte mit: „Unsere auf der Toungoo-Mawtschi-Straße, der japanischen Hauptrückzugslinie in Richtung auf Schanberge, operierenden Truppen setzen weiterhin ihren Vormarsch fort, ohne auf Widerstand zu stoßen."

• Leningrad. — Am 7. August ist aus Moskau eine italienische Gewerkschaftsdelegation unter Führung des Generalsekretärs der italienischen allgemeinen Arbeitskonföderation Guiseppe di Vittorio in Leningrad eingetroffen.

• London. — Das französische Kabinett hat als Datum für die Volksabstimmung über die künftige Verfassung Frankreichs den 21. Oktober festgelegt. Die allgemeinen Wahlen werden am gleichen Tage stattfinden

August

Auf einer Konferenz am 20. August versicherte die Sowjetische Militäradministration den versammelten Bürgermeistern und Landräten Mecklenburgs die Rückkehr zu demokratischen Verhältnissen. Zuvor hatten sich alliierte Vertreter in Potsdam getroffen. Das sogenannte Potsdamer Abkommen schrieb unter anderem die Demilitarisierung und Demokratisierung des Landes fest.

Gleichzeitig hatte man sich in Potsdam auch über den Abbau deutscher Industrieanlagen als Reparationsleistungen verständigt und die Umsiedlung der deutschen Bevölkerung aus Polen sowie Tschechien als rechtmäßig und endgültig beschlossen.

Ein Verteilungsplan vom 1. August sah für Mecklenburg die Aufnahme von circa 3 Millionen Menschen vor. Für Rostock waren lediglich 20 000 vorgesehen. Zu groß war die Angst vor einem Zusammenbruch von Nahrungs- und Gesundheitsversorgung. Der Stadtkreis wurde im August für die Aufnahme weiterer Flüchtender gesperrt.

In Rostock kehrte langsam das Leben wieder auf die Straßen zurück. Ab dem 1. August gab es erste öffentliche Kinovorstellungen. Besonderes Aufsehen erregte die Inbetriebnahme der Straßenbahn.

Deutsche Volkszeitung
Berlin, 10. August 1945
Druck
Rostock, Kulturhistorisches Museum V 12375

Aus der Not heraus umgestellt

Jahrelang hatten Rostocker Betriebe zum großen Teil für den Krieg produziert. Nicht nur die gewaltigen Flugzeugwerke oder der Schiffbau, auch kleinere Firmen und das städtische Handwerk standen im Dienst der Rüstung. Mit dem Ende der Kampfhandlungen brach Rostocks Wirtschaft nun vollständig zusammen.

Erschwert durch Plünderungen versuchte man zunächst eine grundlegende Versorgung sicherzustellen. Anfang Juni ordnete Bürgermeister Heydemann Ernteeinsätze auf dem Land an. Die Furcht vor einem Hungerwinter war nicht unbegründet. Für das Besorgen vieler alltäglicher Waren blieb den Menschen jedoch oftmals nur Tauschhandel oder Improvisation. Ob genähte Kleider aus groben Leinensäcken, Schuhe aus Stroh oder Geschirr aus zurückgelassenem Kriegsgerät – man nutzte, was in der gezeichneten Stadt noch vorhanden war.

Als eine besondere Herausforderung erwiesen sich dabei die Auflagen der Sowjetischen Militäradministration. Zunächst mussten deren Truppen versorgt werden. Vor allem aber begann im Juni der Abbau von Gleisanlagen, Maschinen und ganzen Betrieben als Reparationsleistungen. So wurde die Rostocker Brauerei im August vollständig demontiert. Auch in den Flugzeugwerken und auf der Neptunwerft begann man Anfang Juni, die ersten Anlagen auseinanderzunehmen.

In den Betrieben, die Krieg und Demontage überstanden hatten, bemühte man sich um einen Neustart. Verlassene oder enteignete Unternehmen führten Treuhänder. Im Patriotischen Weg wurde im Juli auf Initiative der Verwaltung eine Ölmühle gegründet. Am 1. August begannen ehemalige Heinkel-Mitarbeiter in den „Rostocker Industriewerke“ genannten Anlagen mit der Produktion von Konsumgütern. Und als im Oktober die Demontage der Neptunwerft gestoppt wurde, zeichnete sich auch eine Zukunft für den örtlichen Schiffbau ab.

Betriebstor der Neptunwerft
Rostock, 1945–1950
Fotograf unbekannt
Rostock, Kulturhistorisches Museum PH 2743

Neptunwerft Rostock
Нептун-верфь Росток

Gruppe von Arbeitern auf dem Neuen Markt
Rostock, um 1945
Fotograf unbekannt
Rostock, Kulturhistorisches Museum PH 4676

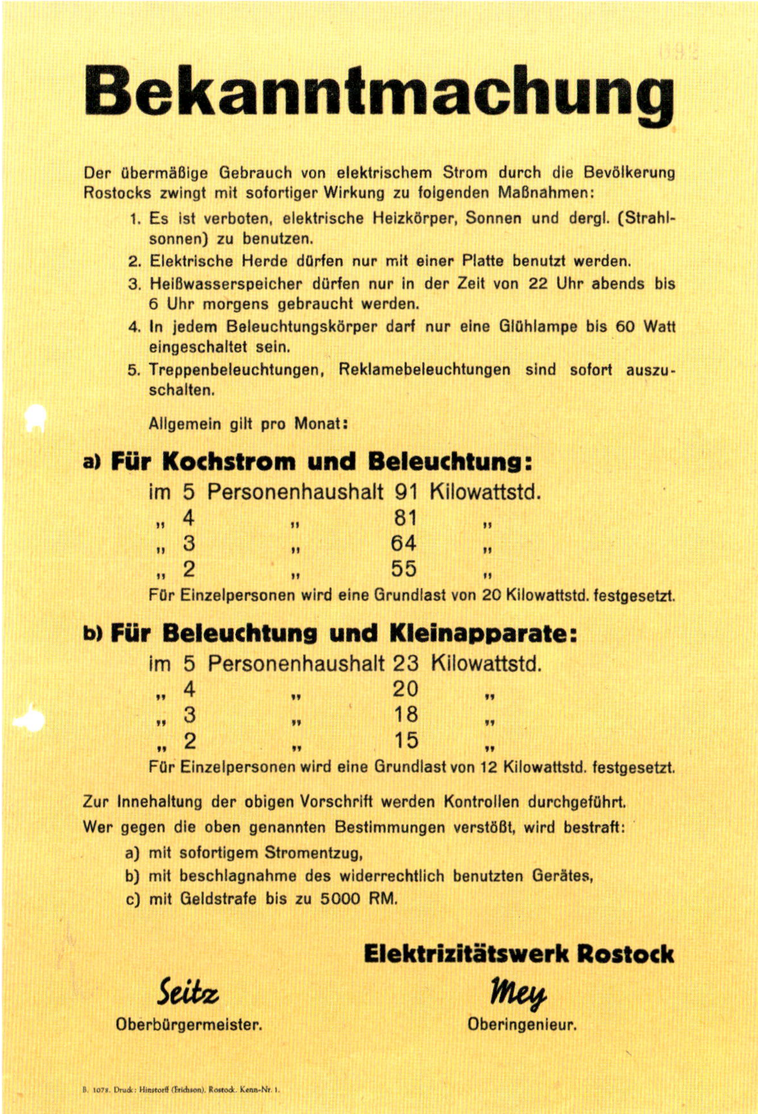

Bekanntmachung

Der übermäßige Gebrauch von elektrischem Strom durch die Bevölkerung Rostocks zwingt mit sofortiger Wirkung zu folgenden Maßnahmen:

1. Es ist verboten, elektrische Heizkörper, Sonnen und dergl. (Strahlsonnen) zu benutzen.
2. Elektrische Herde dürfen nur mit einer Platte benutzt werden.
3. Heißwasserspeicher dürfen nur in der Zeit von 22 Uhr abends bis 6 Uhr morgens gebraucht werden.
4. In jedem Beleuchtungskörper darf nur eine Glühlampe bis 60 Watt eingeschaltet sein.
5. Treppenbeleuchtungen, Reklamebeleuchtungen sind sofort auszuschalten.

Allgemein gilt pro Monat:

a) Für Kochstrom und Beleuchtung:

im 5	Personenhaushalt	91	Kilowattstd.
„ 4	„	81	„
„ 3	„	64	„
„ 2	„	55	„

Für Einzelpersonen wird eine Grundlast von 20 Kilowattstd. festgesetzt.

b) Für Beleuchtung und Kleinapparate:

im 5	Personenhaushalt	23	Kilowattstd.
„ 4	„	20	„
„ 3	„	18	„
„ 2	„	15	„

Für Einzelpersonen wird eine Grundlast von 12 Kilowattstd. festgesetzt.

Zur Innehaltung der obigen Vorschrift werden Kontrollen durchgeführt.
Wer gegen die oben genannten Bestimmungen verstößt, wird bestraft:

a) mit sofortigem Stromentzug,
b) mit beschlagnahme des widerrechtlich benutzten Gerätes,
c) mit Geldstrafe bis zu 5000 RM.

Elektrizitätswerk Rostock

Seitz
Oberbürgermeister.

Mey
Oberingenieur.

B. 1078. Druck: Hinstorff (Erichson), Rostock. Kenn-Nr. 1.

Bekanntmachung
Rostock, 1945
Druck: Hinstorff Verlag
Rostock, Stadtarchiv 2.1.0.83

Tasche
Rostock, um 1945
Papiergarn, gehäkelt,
Zierstreifen aus Zuckersack
Rostock, Kulturhistorisches
Museum D 3108

Papiergarn fand bereits im Ersten Weltkrieg als günstige Alternative zu Stoff Verwendung. Auch nach dem Zweiten Weltkrieg hatte die Methode wieder Konjunktur. Textilien aus Papier waren allerdings weniger haltbar und schwer zu reinigen.

Rucksack aus Möbelstoff
Rostock, 1945
Stoff, Kunstleder
Rostock, Kulturhistorisches
Museum D 6015

Herrenschuhe
Rostock, um 1945
Stroh geflochten
Rostock, Kulturhistorisches Museum D 3916

Damenschuhe
Rostock, um 1945
Stroh, geflochten, Baumwolle, eingeklebte Pappstreifen
Rostock, Kulturhistorisches Museum D 3917

Kleid aus Zuckersack
Rostock, um 1945
Leinen, genäht
Rostock, Kulturhistorisches Museum D 4088

An eine nennenswerte Produktion von neuer Kleidung war noch kaum zu denken. Die Rostocker Industrie- und Handelskammer organisierte jedoch Kleidertauschbörsen und den Aufbau von Reparaturbetrieben. Wer eine Nähmaschine besaß und bedienen konnte, nutzte vorhandene Textilien. So gehörten Kleider aus Tischdecken, Gardinen oder eben Leinensäcken zum Alltag der Nachkriegszeit.

Fingerring
Rostock, 1945
Silber, Kunststoff
Rostock, Kulturhistorisches Museum T 533

Dieser Fingerring fertigte man aus Materialien, die eigentlich für die Zahnmedizin genutzt wurden. Das Silber und Füllmaterial ist zusätzlich mit Buntstiftmine gefärbt.

Selbstgefertigtes Brettspiel
„Mensch ärgere dich nicht"
Rostock, 1945–1950
Holz, bemalt
Rostock, Kulturhistorisches Museum
L 2221

Sparherd
Rostock, 1945/46
Blech, Eisen
Rostock, Kulturhistorisches Museum
N 1321

Die Wohnverhältnisse in der zerstörten Stadt waren oftmals beengt und improvisiert. Zahlreiche Wohnungen hatte man notdürftig geteilt, um Geflüchtete und Ausgebombte einquartieren zu können. Sparherde, auch Kochhexe genannt, waren daher sehr gefragt. Ein Sparherd stellte eine Küche im Kleinformat dar. Mit einer kleinen Brennkammer ließ sich ein Ofen beheizen. Die runden Herdplatten darüber konnten abgenommen und die Töpfe direkt den Flammen ausgesetzt werden. In einem kleinen Tank wurde zusätzlich Warmwasser vorgehalten. Die Produkte der Rostocker Industriewerke entsprachen ganz den Bedürfnissen der Nachkriegszeit. Neben Sparherden fertigten sie unter anderem Küchengeräte, Betten, Handwagen und Pflugscharren. Als sich die wirtschaftlichen Verhältnisse Anfang der 1950er-Jahre normalisierten, wurden die Industriewerke dem neu gegründeten Dieselmotorenwerk angegliedert.

Krug aus Gasmaskenbehälter
Rostock, nach 1945
Blech, emailliert
Rostock, Kulturhistorisches Museum
N 273

Rohstoffe waren knapp. Zurückgelassene Ausrüstung von Armee und Zivilschutz dagegen gab es reichlich. Fallschirmseide, Stahlhelme oder Gasmaskenbehälter wurden nach dem Krieg schnell zu willkommenen Materialien für das Handwerk.

Henkeltopf aus Flugzeugaluminium
Rostock, um 1945
Aluminium
Rostock, Kulturhistorisches Museum

In den Flugzeugwerken der Stadt wurden bis zum letzten Tag Maschinen für einen längst verlorenen Krieg gebaut. Nach dem abrupten Ende der Produktion waren zahlreiche Depots noch gut gefüllt.
In Rostock und Umgebung wurde hochwertiges Flugzeugaluminium zu einem oft genutzten Werkstoff.

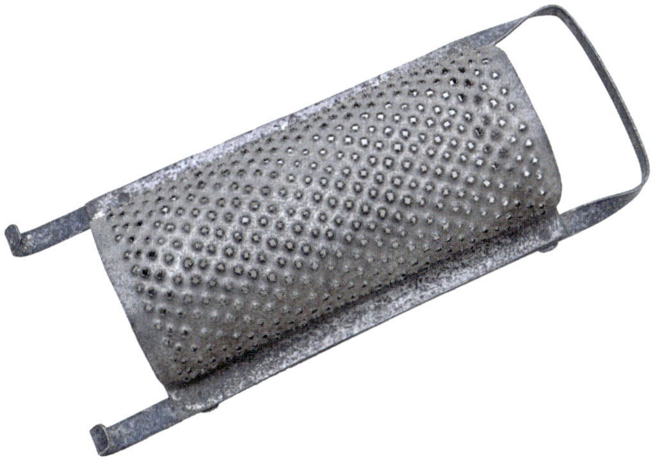

Handgefertigte Kartoffelreibe
Rostock, 1945
Flugzeugaluminium
Rostock, Heimatmuseum Warnemünde
WA/VK/1080

Siebschale, aus einem Stahlhelm gefertigt
Rostock, um 1945
Stahl, Überzug aus Emaille
Rostock, Heimatmuseum Warnemünde
WA/C/0714

9. August 1945

Bericht über den Autobusbetrieb Rostock
Stadtarchiv Rostock. 2.1.0. - 212 Wiederaufnahme des Wirtschaftslebens

Der Autobusbetrieb der Städtischen Straßenbahn erfuhr in den letzten Kriegsmonaten dadurch stärkste Einschränkungen, daß die erforderliche Bereifung nicht mehr beschafft werden konnte und daß 4 Autobusse an die deutsche Wehrmacht abgegeben werden mußten. Trotzdem wurde der Betrieb bis zum Einmarsch am 1. Mai d. J. der Roten Armee notdürftig aufrecht erhalten. Nach dem Einmarsch der Roten Armee wurden von dieser 7 Stadtomnibusse sowie 2 Omnibusanhänger, in zum Teil nicht fahrbereiten Zustand, beschlagnahmt und fortgeführt; damit kam der Autobusbetrieb völlig zum Erliegen.
Am 15. Juli erhielten wir einen fahrbereiten Stadtomnibus dadurch zurück, daß der im Februar d. J. mit dem Omnibus zur deutschen Wehrmacht nach Westdeutschland abgeordnete Fahrer diesen Omnibus unbeschädigt nach hier zurückbrachte. Mit diesem Omnibus wurde vom gleichen Tage ab ein Stadtlinienverkehr aufgenommen, um das außerordentlich hohe Fahrbedürfnis der Rostocker Bevölkerung wenigstens im bescheidensten Umfang zu befriedigen.

10. August 1945

Aus: **Bericht des Ausschusses zur Bereinigung der Wirtschaftsbetriebe**
Stadtarchiv Rostock: 2.1.0 - 224 Tätigkeit des Ausschusses zur Bereinigung der Wirtschaftsbetriebe

Es wird festgestellt, daß der Buchhändler Hans Bormann als Betriebsinhaber politisch untragbar ist.
Begründung: Bormann ist seit 01.05.1932 Mitglied der Partei, wurde nach einigen Monaten Amtsleiter und später Zellenleiter der Partei. Er hat dieses Amt bis Ende 1936 innegehabt. Wenn Bormann auch offenbar in manchen Punkten sich mit den Auffassungen des Nationalsozialismus nicht einverstanden erklärt hat, so hat er doch gerade am Aufbau der Partei nach der sogenannten Machtergreifung führend mitgewirkt und mußte aus diesem Grunde für politisch untragbar erklärt werden.

“

Die erste Gerichtsverhandlung in Rostock

Volkszeitung vom 10. August 1945

Trotz des faschistischen Schlagwortes vom „volksnahen Recht“ hat eine Rechtsprechung dem Volksempfinden nie ferner gestanden als in den vergangenen zwölf Jahren. Nach dem Untergang des Hitlerregimes vollzieht sich hier eine selbstverständliche Wandlung. Das war deutlich zu spüren bei der ersten Verhandlung nach der Wiederaufnahme der Gerichtstätigkeit in Rostock.
[…] Der Angeklagte, der gern herumstrolchte, hatte eine Karnickelhäsin gestohlen und außerdem eine gefundene Pistole und ein Seitengewehr getragen. Die Strafe musste hart ausfallen, weil Eigentumsvergehen in Zeiten des Umbruchs streng geahndet werden müssen, besonders aber, weil das Tragen von Waffen nicht nur gegen die deutschen Gesetze, sondern auch gegen den Befehl des Kommandanten verstieß und sich dadurch unter Umständen auch für die ganze Rostocker Bevölkerung unangenehm hätte auswirken können. Mit Rücksicht auf die jugendliche Unerfahrenheit des Angeklagten, lautete das Urteil – entgegen dem Antrag auf ein Jahr – sechs Monate Gefängnis. Da dem arbeitsscheuen Angeklagten aber zu seiner Besserung ein fester Halt nötig ist, wird er nach der Verbüßung der Strafe durch das Jugendamt ein Jahr lang dem Landheim Dierkow zugewiesen, um ihn dort durch körperliche Arbeit wieder auf den richtigen Weg zu führen.

Aus: **Schreiben des Präsidenten des Landes Mecklenburg Vorpommern / Abtl. Innere Verwaltung**

Stadtarchiv Rostock: 2.3.2 454 Innere Verwaltung

23. August 1945

An die Herren Landräte und Oberbürgermeister,

an verschiedenen Orten des Landes kommen in mehr oder weniger grossem Umfange deutsche Kriegsgefangene zur Entlassung. Bisher hat sich niemand um diese Menschen gekümmert. Die Entlassenen ziehen vielfach planlos im Lande umher. Sie vergrößern die Masse der Umherreisenden, gefährden damit die geregelte Versorgung der Bevölkerung, steigern die Gefahr der Seuchenverbreitung und fallen als Arbeitskräfte aus. Eine Erfassung aller zur Entlassung kommenden Kriegsgefangenen ist deshalb unbedingt notwendig.

Bekanntmachung

Nach Befehl Nr. 42 vom 27. August 1945 des Obersten Chefs der Sowjetischen Militärverwaltung, des Oberbefehlshabers der Sowjetischen Besatzungstruppen in Deutschland, Marschall der Sowjetunion G. Shukow, haben sich

1. alle ehemaligen Angehörigen der deutschen Armee im Range eines Leutnants und höher,
2. ohne Ausnahme alle ehemaligen Angehörigen der SS und SA, Mitarbeiter der Gestapo und Miglieder der NSDAP

bis zum 25. September 1945 einer Registrierung zu unterziehen.

Die Registrierung erfolgt:

für das Stadtgebiet Rostock in der Militär-Kommandantur.

Personen, die zur Registrierung nicht fristgemäß erscheinen, sowie diejenigen, die sich durch das Verbergen derselben schuldig machen, werden zur strengsten Verantwortung gezogen werden.

Rostock, den 12. September 1945

Seitz
Oberbürgermeister.

Druck: Emil Leverenz Rostock. Kenn-Nr. 2

September

Manche Spuren des Krieges sollten noch Jahrzehnte überdauern. Andere verschwanden langsam aus dem Stadtbild. So wurden bis Mitte September alle verbliebenen Panzersperren in Rostock geräumt. Doch auch die symbolischen Spuren der vergangenen Jahre wollte die Stadtverwaltung beseitigen und einen sichtbaren Neubeginn demonstrieren. 18 Straßennamen änderte sie bis Mitte September. Aus dem Platz des Führers wurde der Platz der Freiheit, aus der Adolf-Hitler-Straße die Kopernikusstraße und aus dem Hermann-Göring-Platz der Holbeinplatz.

In Schwerin brachte die neue Landesregierung indes eines ihrer wichtigsten Vorhaben auf den Weg. Unter der Devise „Junkerland in Bauernhand" sollte landwirtschaftlicher Besitz von Kriegsverbrechern, ehemaligen Nationalsozialisten und vor allem Großgrundbesitzern enteignet und in kleine Bauernstellen aufgeteilt werden. Damit zeichnete sich die programmatische Richtung der kommunistisch dominierten Landespolitik deutlich ab.

Die am 5. September ausgerufene Bodenreform betraf auch Rostock. Die Stadt hatte beachtlichen Grundbesitz. Bis Mitte Oktober wurden 18 Stadtgüter mit insgesamt 4000 Hektar Land und 300 Hektar Wald aufgeteilt.

Bekanntmachung
Rostock, 12. September 1945
Druck: Emil Leverenz
Rostock, Stadtarchiv 2.1.0.83

Lebensgefahr

Schon im Mai hatte man verordnet, dass die Rostocker Bevölkerung das Wasser nur abgekocht trinken durfte. Für die Angst vor Epidemien gab es Gründe. In der zerstörten Stadt waren die hygienischen Zustände mehr als unzureichend und die Wohnverhältnisse der meisten Menschen beengt. Die Ernährungslage musste als kritisch angesehen werden. Um das Trinkwasser verlässlich zu desinfizieren, fehlte es an genügend Chlor.

Die Stadt hatte im Mai Personal und Ausrüstung vom Roten Kreuz übernommen. Trotzdem war eine geregelte medizinische Versorgung schwierig. Es mangelte an Ärzten, Apothekern und vor allem an Medikamenten. In der Stadt grassierten bereits gefährliche Krankheiten wie Tuberkulose, Diphterie oder Ruhr. Und täglich kamen am Bahnhof mehr Flüchtende an, oft erheblich geschwächt, ausgehungert und krank. Vor allem Typhus drohte zu einem ernsten Problem zu werden. Insgesamt starben daran im Jahr 1945 in Rostock 165 Menschen, davon allein 147 zwischen August und Oktober. Im August ordnete die Stadtverwaltung schließlich eine Zwangsimpfung gegen Typhus an. Der Impfnachweis war an den Personalausweis zu heften und auf Verlangen vorzuzeigen. Auch die Ausgabe von Lebensmittelkarten konnte bei fehlendem Impfnachweis verweigert werden. Am 22. September wurden die Tuberkulosekranken aus dem Krankenhaus Gehlsheim evakuiert und Platz für die Isolierung der Typhuskranken geschaffen. Ende des Jahres war die Krankheit einigermaßen unter Kontrolle.

Kälte, Hunger und die beengten Wohnverhältnisse stellten jedoch weiterhin auch aus medizinischer Sicht ein Problem in Rostock dar. Vor allem in den Umsiedlerlagern blieb die Gefahr von Seuchen über die Jahreswende hinaus akut.

Anordnung
Rostock, 30. Juli 1945
Druck: Hinstorff
Rostock, Stadtarchiv 2.1.0.83

Anordnung.

12 Jahre Hitlerregime haben die Gesundheit der Bevölkerung völlig untergraben. Zu den vornehmsten Aufgaben des neuen Deutschland gehört die Hebung des Gesundheitszustandes der Massen. Es soll jetzt eine umfassende gesundheitliche Überprüfung und ärztliche Betreuung der Bevölkerung durchgeführt werden. Dazu ist erforderlich, daß **jeder** Bürger und **jede** Bürgerin sich einer ärztlichen Untersuchung unterzieht. Die Untersuchung ist kostenlos für die Bevölkerung.
Es werden zunächst die Frauen untersucht und zwar im Einvernehmen mit dem Gesundheitsamt und der Ärzteschaft die **Frauen im Alter von 16 bis 45 Jahren.**

Die Untersuchungen finden statt:

Für die Buchstaben A—D am 1. August
für die Buchstaben E—H am 2. August
für die Buchstaben I—M am 3. August
für die Buchstaben N—Q am 4. August
für die Buchstaben R—S am 5. August
für die Buchstaben T—U am 6. August
für die Buchstaben V—Z am 7. August

Die Untersuchungen erfolgen bezirksweise, und zwar:

bei Dr. Kob, Dierkow, Lewarkweg 1, der **Bezirk 1**
bei der Heil- und Pflegeanstalt in Gehlsheim der **Bezirk 2**
bei Dr. Wettstein, Gehlsdorf, Landreiterstraße 12 und bei Dr. Sachse, Gehlsdorf, Fährstraße 26, der **Bezirk 3**
bei Dr. Heuck, Rostock, Maßmannstraße 28, der **Bezirk 4**
bei der Universitäts-Kinderklinik der **Bezirk 7**
bei Dr. Ritter, Rostock, Neue Wallstraße 3, die **Bezirke 5 und 26**
bei der Chirurgischen Klinik die **Bezirke 6 und 23**
in der Frauenklinik die **Bezirke 8 und 11**
bei Dr. Witten, Rostock, Maßmannstraße 100b, die **Bezirke 9 und 12**
bei Dr. Hillenbrand, Rostock, Thünenstraße 3, der **Bezirk 10**
bei Dr. Eilers, Rostock, Wismarsche Straße 5, der **Bezirk 13**
bei Dr. Uhlhorn, Rostock, Fr.-Franz-Straße 1b, der **Bezirk 15**
bei der Universitäts-Hautklinik die **Bezirke 14 und 19**
bei der Medizinischen Klinik der **Bezirk 16**
bei Dr. Kuhn, Rostock, Kröpeliner Straße 10, der **Bezirk 17**
bei Dr. Schubert, Rostock, Hopfenmarkt 24, der **Bezirk 18**
bei Dr. von Goetzen, Rostock, Fr.-Franz-Straße 1 a, der **Bezirk 20**
bei Frau Dr. von Goetzen, Rostock, Fr.-Franz-Straße 1a, der **Bezirk 25**
bei San.-Rat Dr. Eberhard, Rostock, Paulstraße 12, der **Bezirk 22**
im Gesundheitsamt die **Bezirke 21 und 24.**

Die Untersuchungen finden von 13 bis 18 Uhr und von 19 bis 22 Uhr statt.

Der Haushaltspaß oder das Arbeitsbuch bzw. die Ersatzkarte für das Arbeitsbuch sind mitzubringen. Auf die Karten wird ein Vermerk über die erfolgte Untersuchung gesetzt. Da es unverständlicherweise sicherlich auch hier Personen geben wird, die sich den Untersuchungen entziehen möchten, es jedoch im Interesse der Bevölkerung liegt, daß restlos alle Personen erfaßt werden, wird die Ausgabe von Lebensmittelkarten bei der nächsten Zuteilungsperiode auch davon abhängig gemacht, daß ein Vermerk über die erfolgte Untersuchung in den genannten Ausweispapieren vorhanden ist.

Die Ärzteschaft hat sich kostenlos in den Dienst der guten Sache gestellt. Ich darf von der Bevölkerung erwarten, daß sie die Ärzte bei ihrer Arbeit durch Willigkeit unterstützt. Nur wenn wir alle mitarbeiten, läßt sich eine Besserung des Gesundheitszustandes der Bevölkerung erzielen.
Bei den Untersuchungen besteht die Möglichkeit, sich auch kostenlos gegen Typhus schutzimpfen zu lassen.
Der Zeitpunkt für die Untersuchungen der übrigen Personen wird noch bekanntgegeben.

Rostock, den 30. Juli 1945.

Seitz
Oberbürgermeister

Druck Hinstorff, Rostock.

Schutzimpfung gegen Typhus

Die Schutzimpfung gegen Typhus ist Zwang.

Sie muß 3 mal in Abständen von je 14 Tagen durchgeführt und jedesmal auf einem Impfschein bescheinigt werden. Nur wenn alle drei Impfungen ausgeführt worden sind, erhält dieser seine Gültigkeit und ist beim Empfang der Lebensmittelkarten vorzuzeigen.

Ohne Impfschein keine Lebensmittel-Zuteilung!
Außerdem kann zwangsweise Vorführung von Nichtgeimpften angeordnet werden!

Von der Impfung ausgenommen sind nur:

1. Kinder, die das 1. Jahr noch nicht vollendet haben.
2. Schwangere vom 7. Monat ab.
3. Chronisch Sieche, die nicht mehr zur Impfstelle kommen können, insbesondere aktiv Tuberkulöse.
4. Akut Kranke, wenn sie bettlägerig sind.

Die unter 3. Genannten können von ihrem Arzt eine Bescheinigung über dauernde Befreiung von der Impfung erlangen, die unter 4. Genannten nur eine solche über befristete Zurückstellung. Die letzteren haben sich nach Ablauf ihrer Krankheit in den Impfgang einzureihen und zwar unabhängig von ihrem Buchstaben.

Wo wird geimpft?

Bei jedem Arzt der Stadt, **auch bei jedem Facharzt,** im Staatlichen Gesundheitsamt, im Hygienischen Institut (Gertrudenstraße) und in den Polikliniken der Universität.

Die Impfung ist während der öffentlichen Impfzeiten völlig unentgeltlich. Wenn sich an einer Stelle eine zu große Überfüllung zeigt, ist im Interesse der reibungslosen Abwicklung der Impfung und zur Vermeidung einer untragbaren Überlastung ein anderer Arzt aufzusuchen.

Es ist nicht nötig, daß alle drei Impfungen von demselben Arzt ausgeführt werden.

Jedes Familienoberhaupt soll sich sofort von seinem Revier die für seine Familie nötige Zahl von Impfscheinen holen und auf jedem einzelnen Vor- und Zuname, Geburtsdatum und Anschrift gut leserlich geschrieben ausfüllen.

Wann wird geimpft?

Von 17—19 Uhr an folgenden Tagen:

1. Impfung für die Buchstaben	**A—D am 21. August**	**O—R am 24. August**
	E—H am 22. „	**S—T am 25. „**
	I—N am 23. „	**U—Z am 27. „**
2. Impfung für die Buchstaben	**A—D am 3. September**	**O—R am 6. September**
	E—H am 4. „	**S—T am 7. „**
	I—N am 5. „	**U—Z am 8. „**
3. Impfung für die Buchstaben	**A—D am 17. September**	**O—R am 20. September**
	E—H am 18. „	**S—T am 21. „**
	I—N am 19. „	**U—Z am 22. „**

Diese Termine gelten für alle, die jetzt mit der Impfung beginnen und sind unbedingt innezuhalten. Frauen, die bereits die 1. Impfung erhalten haben, reihen sich nach Ablauf ihrer 14-Tage-Frist ohne Rücksicht auf die Buchstabenzugehörigkeit in den Impfgang ein.

Der Impfschein ist als wichtiger Anhang zum Personalausweis sorgfältig aufzubewahren, da er bei gelegentlichen Kontrollen abverlangt werden kann.

In Massenquartieren untergebrachte Flüchtlinge werden gesondert geimpft, sollen sich also nicht bei den Impfstationen der Stadt einfinden.

Wer sich ernstlich unpäßlich fühlt, soll nach Möglichkeit vor dem Gang zur Impfung eine Temperaturmessung vornehmen und dem Arzt von seinem Zustand Meldung machen.

Die erfolgte Impfung macht die üblichen Vorsichtsmaßnahmen gegen Ansteckung nicht überflüssig, daher:

1. Kein rohes Obst.
2. Keine rohe Milch.
3. Kein ungekochtes Wasser.
4. Reinlichkeit der Hände.
5. Hygienisch einwandfreie Beseitigung von Stuhl und Urin.
6. Bekämpfung der Fliegen. (Modelle für behelfsmäßige Fliegenfallen werden in den Schaufenstern der Apotheken und Drogerien ausgestellt.)

Dr. Strauß
Staatl. Gesundheitsamt Rostock-Stadt und -Land

DRUCK: HINSTORFF

Anordnung
Rostock, September 1945
Druck: Hinstorff
Rostock, Stadtarchiv 2.1.0.83

Impfbescheinigung

Name Vorname Luise geb. 11.12.11.

Ort Rostock Straße Friedrichstr. Nr. 7.

hat sich der kombinierten Schutzimpfung gegen Typhus und Paratyphus unterzogen:

1. Impfung am 5.8. 1945 Arztstempel Prof. Dr. Victor Schilling Direktor der Med. Univ. Klinik Rostock Am Schröderplatz, Fernspr. 7061
2. Impfung am 13.8 1945 Arztstempel Prof. Dr. Victor Schilling Direktor der Med. Univ. Klinik Rostock
3. Impfung am 21.8. 1945 Arztstempel Am Schröderplatz, Fernspr. 7061

Dieser Schein ist **nur** gültig, wenn alle drei Spalten ausge… …m Personalausweis zusammen aufzubewahren und auf …

DRUCK: HINSTORFF

Impfbescheinigung

Name Krakow Vorname geb.

Ort Rostock Straße Nr. 4

hat sich der kombinierten Schutzimpfung gegen Typhus und Paratyphus unterzogen:

1. Impfung am 27.8. 1945 Univ. Ohrenklinik Rostock Arztstempel
2. Impfung am 17.9 1945 Univ. Ohrenklinik Rostock Arztstempel
3. Impfung am 25.9. 1945 Univ. Ohrenklinik Rostock Arztstempel

Dieser Schein ist **nur** gültig, wenn alle drei Spalten ausgefüllt sind. Er ist sorgfältig mit dem Personalausweis zusammen aufzubewahren und auf Verlangen vorzuzeigen.

DRUCK: HINSTORFF

Impfbescheinigung

Name Vorname

Ort Straße Nr.

hat sich der kombinierten Schutzimpfung gegen Typhus und Paratyphus unterzogen:

1. Impfung am 10. Sept. 1945 Arztstempel Dr. H. H. Ebert Zahnarzt
2. Impfung am 1945 Arztstempel Dr. Harder Warnemünde
3. Impfung am 1945 Arztstempel Seestadt Rostock Dietrich Eckart Str. 21

Dieser Schein ist **nur** gültig, wenn alle drei Spalten ausgefüllt sind. Er ist sorgfältig mit dem Personalausweis zusammen aufzubewahren und auf Verlangen vorzuzeigen.

KRAKOW, WARNEMÜNDE

Impfbescheinigungen
Rostock, 1945
Druck
Rostock, Kulturhistorisches Museum V 17701, V 20347/1, V 20453/4

Bis Ende 1945 wurden in Rostock 70 000 Menschen gegen Typhus und Paratyphus geimpft, mehr als zwei Drittel der Bevölkerung. Neben der Klinik waren auch zahlreiche niedergelassene Ärzte an der Aktion beteiligt – für das Gesundheitssystem der Stadt eine gewaltige Herausforderung. Die Nachweise der Impfungen mussten an den Personalausweis geheftet werden.

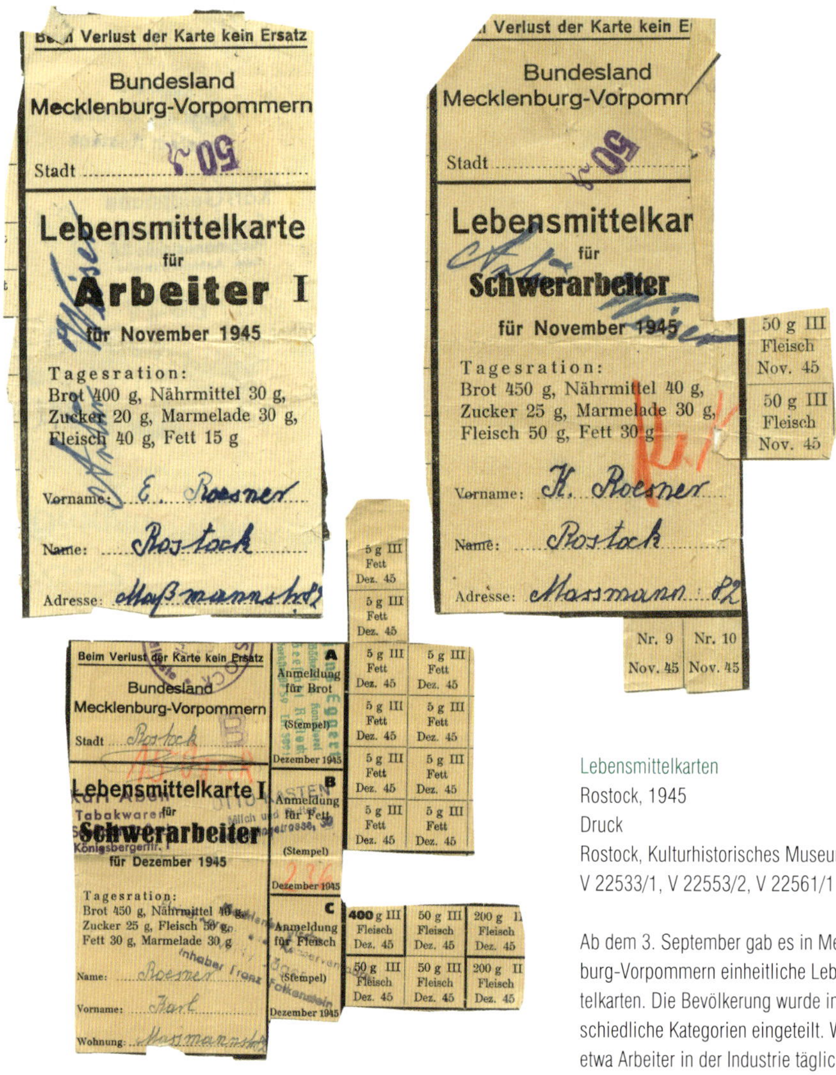

Lebensmittelkarten
Rostock, 1945
Druck
Rostock, Kulturhistorisches Museum
V 22533/1, V 22553/2, V 22561/1

Ab dem 3. September gab es in Mecklenburg-Vorpommern einheitliche Lebensmittelkarten. Die Bevölkerung wurde in unterschiedliche Kategorien eingeteilt. Während etwa Arbeiter in der Industrie täglich unter anderem 400 g Brot und 30 g Fleisch erhielten, bekamen nicht arbeitende Erwachsene lediglich die Hälfte. Für Schwerarbeiter gab es ab Oktober besondere Zuschläge. Trotzdem waren viele Menschen zusätzlich auf Tauschhandel oder Selbstversorgung angewiesen. Die täglichen Rationen für normale Angestellte lagen insgesamt bei nur etwa 1000 Kilokalorien.

Der Boden – dem Bauern

„DER GRUNDBESITZ SOLL SICH IN UNSERER DEUTSCHEN HEIMAT AUF FESTE, GESUNDE UND PRODUKTIVE BAUERNWIRTSCHAFTEN STÜTZEN, DIE PRIVATEIGENTUM IHRES BESITZERS SIND."

URKUNDE

Auf Grund der Verordnung der Landesverwaltung Mecklenburg über die Bodenreform vom 5. Sept. 1945 wird dem Bauern Wilhelm Frank

wohnhaft in der Gemeinde Dürkow Kreis

ein Grundstück

im Umfang von 46,18 ha, einschließlich Wald

rechtskräftig

zum persönlichen, vererbbaren Eigentum übergeben

Das dem Bauern Wilhelm Frank übergebene Grundstück liegt in der Gemeinde Tottenwinkel und hat laut dem von der Bodenkommission aufgestellten Verteilungsplan die Nummer 13

Der Bauer Wilhelm Frank erhält das Grundstück

schuldenfrei

Diese Urkunde berechtigt zur Eintragung des Grundstücks in das Grundbuch.

Rostock, den 11. März 1948 Kreis

Der Präsident

Der Landrat

Urkunde zur Bodenreform
Rostock, 1946
Druck
Rostock, Heimatmuseum

Die Devise „Junkerland in Bauernhand" galt auch für die Rostocker Landgüter. Am 5. September wurde die Verordnung über die Bodenreform verkündet und die Enteignung und Aufteilung von Großgrundbesitz begonnen. Die endgültige Verteilung zog sich teilweise noch bis 1948 hin. Der Dierkower Bauer Wilhelm Frank erhielt sein etwa 46 Hektar großes Stück Land am 11. März 1948.

Wir lernen Russisch
Leipzig, 1945
Druck: Oswald Schmidt, Leipzig, Herausgeber: Deutsche Verwaltung für Volksbildung in der Sowjetischen Besatzungszone
Rostock, Heimatmuseum Warnemünde WA/Bü/0293

Für viele Kinder und Jugendliche bedeuteten die neuen Verhältnisse eine enorme Umstellung. Als der Unterricht am 1. Oktober wieder startete, war vieles anders. Manche Kinder waren lang nicht in der Schule gewesen und etliches, was man in den Jahren zuvor gelehrt hatte, galt nicht mehr. Zahlreiche Lehrer befanden sich in Kriegsgefangenschaft oder waren durch ihre NS-Vergangenheit für den Schuldienst nicht tragfähig, neue Lehrkräfte dagegen oft jung und unerfahren. Und auch auf dem Stundenplan gab es Veränderungen. So wurde Russisch an nahezu allen Schulen zu einem neuen Unterrichtsfach.

Aufruf an die Rostocker Bevölkerung

Rostocker!

Wir stehen vor dem härtesten Winter. Zu den Auswirkungen des Hitlerkrieges sind nun als Folge auch noch die Seuchen gekommen. Seit Monaten breitet sich der Typhus aus. Eine große Diphtherie-Epidemie entwickelt sich. Unsere Krankenhäuser reichen nicht mehr aus. Alles ist überbelegt. Als neue Krankenhäuser haben wir deshalb Gebäude in Groß-Lüsewitz, Gelbensande, Groß-Klein und Heiligendamm vorbereitet.

Wir benötigen etwa noch 1000 Betten

Uns fehlt das wichtigste Material für die Einrichtungen dieser Hilfskrankenhäuser, damit wir Eure Angehörigen und unsere Kranken würdig und menschlich betreuen können.

Mit dem Ziel der Einschränkung der Seuchen müssen alle ansteckenden Kranke bedingungslos in die Krankenhäuser verbracht werden. Helft uns, sie zu betreuen! Tut Euer Bestes!

Auf Anordnung des Herrn Oberbürgermeisters richten die Bezirksältesten sofort

Sammelstellen in jedem Bezirk

ein. Gebt auch das für Euch scheinbar Unbrauchbare. Es wird dafür gesorgt werden, daß nichts verloren geht und auch das Beschädigte instand gesetzt wird. Wir müssen alle mithelfen!

Die Sammlung umfaßt:

1. Bettstellen,
2. Matratzen (Strohsäcke),
3. Bettwäsche,
4. Handtücher,
5. Küchenschürzen,
6. weiße Mäntel für Ärzte u. Schwestern,
7. Wolldecken aller Art, Bettdecken,
8. Kopfkissen und andere Kissen,
9. Unterlagen (Gummi, wasserdichter Stoff usw.),
10. Stechbecken, Uringläser,
11. Wärmflaschen, Gummiflaschen, Heizkissen, Eisbeutel,
12. Wassereimer, Wasserkannen, Waschschüsseln, Wassergläser,
13. Teller, Eßnäpfe, Trinkbecher, Tassen (Schnabeltassen), Kaffeekannen,
14. Eßbestecke,
15. große Kochtöpfe, Essenträger (Menagen),
16. Küchengeräte aller Art,
17. Abgabe der Luftschutzapotheken mit Inhalt,

kurz alles, was Ihr als Kranke selber vorfinden möchtet.

Wir wissen, daß durch die nutzlosen Kriegsspenden und die sinnlosen Opfer in der Vergangenheit eine große Verarmung an allen Gebrauchsgegenständen des täglichen Lebens eingetreten ist. Doch heute gilt es nicht für eine zwecklose Sache zu opfern, sondern zum Wohle der Menschlichkeit einen Beitrag zu liefern.

Abgabetermin: Sonnabend, 13. u. Sonntag, 14. Oktober

vormittags von 8—12, nachmittags von 14—18 Uhr in den zuständigen Bezirksstellen.

Rostock, den 2. Oktober 1945.

Seitz
Oberbürgermeister

Dr. Strauß
Leiter des Staatl. Gesundheitsamtes Rostock

Aufruf
Rostock, 2. Oktober 1945
Druck
Rostock, Stadtarchiv 2.1.0.83

Rostock teilt Großwohnungen auf
Volkszeitung vom 19. September

Das Wohnungsamt schätzt, daß es in Rostock 3.000 bis 4.000 Familien gibt, die eine eigene Wohnung wünschen, aber nicht erhalten können. Denn außer an Opfer des Faschismus und Berufstätige, wie z.B. Eisenbahner, die nach Rostock versetzt wurden, ist es zur Zeit nur in wenigen Fällen möglich, Wohnungen zu vermitteln.

Freier Wohnraum wird heute zum größten Teil durch Ausweisung von aktiven Nazis gewonnen, die in Wohnungen anderer Nazis einrücken und so enger zusammenrücken müssen. Auch zogen in den vergangenen Monaten Familien aus ihren großen, teuren Wohnungen, wenn sie billigere erhielten. Das Wohnungsamt unterstützt derartige Tausche, entstehen doch oftmals durch Teilung mehrere kleinere Wohnungen.

In der nächsten Zeit werden diese Aufteilungen großer Wohnungen sogar schematisch vorgenommen. Die Bezirksältesten prüfen mit einem Maurermeister und einem Installateur die Häuser auf die Möglichkeit hin, durch einfache bauliche Veränderung, wie dem Ziehen von Wänden, zusätzlich Wohnraum zu schaffen.

14. September 1945

Aus: **Schreiben des Präsidenten des Landes Mecklenburg Vorpommern / Abtl. Innere Verwaltung an die Oberbürgermeister und Landräte**
Stadtarchiv Rostock: 2.3.2 - 454 Innere Verwaltung

Schon 4 Monate ist der Kriege beendet, und noch befinden sich viele Zeugen dieses furchtbaren Ereignisses in unserem Lande. An den Chausseen befinden sich noch Panzersperren, durch unser Land ziehen sich noch Panzergräben und sonstige Befestigungsanlagen. Alle diese Befestigungsanlagen müssen schnellstens beseitigt werden. Einmal sind sie große Verkehrshindernisse, sind Geländestreifen, die für unsere Landwirtschaft sehr wichtig sind, und zum anderen sind sie Zeugnisse einer furchtbaren Zeit ... Das ganze Volk muss mitarbeiten, diese Zeugen des schrecklichen Krieges zu beseitigen.

28. September 1945

Bericht der Städtischen Straßenbahn an den Oberbürgermeister die Abbaumaßnahmen betreffend
Stadtarchiv Rostock. 2.1.0. - 212 Wiederaufnahme des Wirtschaftslebens

Ferner berichten wir, daß der bisher von uns betriebene Stadtautobus vom Abbaukommando beschlagnahmt wurde und daß wir ihn nicht mehr einsetzen durften. Am 26. d. Mts. ist dann der Autobus zur Kommandantur beordert worden. Dort wurde unser Personal, daß wir bisher bei Fahrten des Abbaukommandos auf unseren Wagen hatten, nach Hause geschickt und seit dieser Zeit haben wir vom Autobus nichts mehr gehört. Angeblich soll er aus der Stadt hinausgebracht worden sein. Der Autobus war für Fahrten in der gesamten sowjetischen Besatzungszone ordnungsgemäß zugelassen. Er durfte deshalb auch vom Abbaukommando nicht beschlagnahmt werden. Sobald wir etwas über den Verbleib des Autobusses erfahren, werden wir weiteren Bericht erstatten.

KZ-Häftlinge mißhandelt – Zu zehn Jahren Gefängnis verurteilt
Volkszeitung vom 29. September

Rostock. Wegen Mißhandlung von Häftlingen eines Konzentrationslagers wurde der zuletzt in Sanitz, Kreis Rostock, ansässige Johann Wons vom Rostocker Schöffengericht abgeurteilt.

Er hatte seit 1935 in Rostock-Marienehe in den Heinkel-Flugzeugwerken Karriere gemacht: vom Schlosser zum Betriebsassistenten. In dieser Eigenschaft wurde er 1943 nach Wien-Haidfeld in einen Heinkelbetrieb versetzt, der bald dazu überging, fast ausschließlich KZ-Häftlinge als Arbeitskräfte zu verwenden. Die Heinkel-Angestellten wurden verpflichtet, nichts über die Behandlung der KZ-Insassen nach außen verlauten zu lassen, andernfalls würden sie selber künftig „gestreifte" Anzüge tragen müssen!

[…]
Der Angeklagte Wons selber hatte als Betriebsassistent ebenso wie die übrige Heinkel-Belegschaft kein Züchtigungsrecht gegenüber den KZ-Gefangenen, deren eventuelle Vergehen und Verstöße der Lagerleitung gemeldet werden sollten. Wons sollte nur dafür sorgen, daß das vorgesehene Arbeitspensum terminmäßig erledigt wurde. Um sich „durchzusetzen", verbreitete er unter den KZ-Häftlingen Angst und Schrecken. Etwa 250 dieser wehr- und rechtlosen Menschen verschiedener Nationalität waren Wons unterstellt. Wie er mit ihnen umsprang, konnte das Gericht nicht in allen Einzelheiten ermitteln. Vier bezeichnende Fälle wurden durch etliche Zeugenaussagen anderer früherer Heinkel-Handwerker belegt:

Im November 1943 meldete sich ein französischer KZ-Gefangener mit einem Zahngeschwür krank. Daraufhin schlug Wons ihm mit der Faust ins Gesicht, daß ihm das Blut aus der Nase floß, und schrie ihn an: „Das Schwein will nur nicht arbeiten!" […]

Anordnung für die Bevölkerung der Stadt Rostock

Für den Wiederaufbau im Lande Mecklenburg-Vorpommern ist eine zweckmäßige und umfassende Regelung auf dem Arbeitsmarkt unerläßlich. Auf Grund der Verordnung Nr. 18 des Präsidenten des Landes Mecklenburg-Vorpommern vom 21. 9. 1945 und der dazu ergangenen Durchführungsbestimmungen des Präsidenten des Landesarbeitsamtes vom 25. 9. 1945 wird daher die

Erfassung aller Arbeitnehmer bei den Arbeitsämtern

durchgeführt.

Der Meldepflicht unterliegen:

alle männlichen Arbeitnehmer im Alter von 14 bis 65 Jahren und alle weiblichen Arbeitnehmer im Alter von 14 bis 50 Jahren.

Von der Meldepflicht sind befreit:

Weibliche Personen, denen die Führung eines Haushaltes obliegt, nachweislich dauernd Arbeitsunfähige und solche, die eine höhere Schule besuchen.
Befreit von der Meldepflicht sind weiter alle Personen, die sich bereits beim Arbeitsamt gemeldet haben.

Die Entscheidung, ob eine Meldepflicht besteht, trifft in Zweifelsfällen das Arbeitsamt.
Die Meldepflicht besteht nach Beendigung eines Arbeitsverhältnisses jedes Mal erneut.

Wer sich der Meldepflicht entzieht, macht sich strafbar und kann mit einer Ordnungsstrafe bis zu RM 500.— belegt werden. Im Wiederholungsfalle kann eine gerichtliche Bestrafung auf Freiheitsentzug beantragt werden.

Es haben sich zu melden:

A. Im Arbeitsamt:

Männliche Meldepflichtige im Erdgeschoß, Zimmer 31/32
Weibliche Meldepflichtige im 1. Obergeschoß, Zimmer 41/42

aus den Bezirken	**4, 7, 8**	am	15.	Oktober	1945	von	8—12	und	15—17	Uhr
„ „ „	**9, 10, 11**	„	16.	„	1945	„	8—12	„	15—17	„
„ „ „	**12, 13**	„	17.	„	1945	„	8—12	„	15—17	„
„ „ „	**14, 15, 26**	„	18.	„	1945	„	8—12	„	15—17	„
„ „ „	**16, 18, 24**	„	19.	„	1945	„	8—12	„	15—17	„
„ „ „	**19, 20, 25**	„	20.	„	1945	„	8—12	„	15—17	„
„ „ „	**21, 22**	„	22.	„	1945	„	8—12	„	15—17	„
„ „ „	**17, 23**	„	23.	„	1945	„	8—12	„	15—17	„

B. In den Bezirksbüros der Außenbezirke:

die Meldepflichtigen des Bezirks 2,
Dierkow-West (Bezirks-Ältester Saß) . . . . . am 24. Oktober 1945 von 8—12 Uhr
die Meldepflichtigen des Bezirks 1,
Dierkow-Ost (Bezirks-Ältester Bolte) . . . . . am 24. Oktober 1945 von 14—17 Uhr
die Meldepflichtigen des Bezirks 3,
Gehlsdorf (Bezirks-Ältester Peters) . . . . . . am 24. Oktober 1945 von 8—12 Uhr und 14—17 Uhr
die Meldepflichtigen des Bezirks 5,
Brinckmansdorf (Bezirks-Ältester Odalli) . . . . am 25. Oktober 1945 von 8—12 Uhr
die Meldepflichtigen des Bezirks 6,
Reutershagen (Bezirks-Ältester Woest) . . . . am 25. Oktober 1945 von 8—12 Uhr

Rostock, den 3. Oktober 1945.

Arbeitsamt Rostock

B. 1029. Druck: Hinstorff (Erichson), Rostock. Kenn-Nr. 1.

Oktober

Bereits seit Monaten lief die Demontage zahlreicher traditionsreicher Industriebetriebe. Die Zukunft von Rostock als Wirtschaftsstandort war fraglich. Im Oktober begann sich allerdings eine Trendwende abzuzeichnen. Zwar waren auch auf der Neptunwerft bereits circa 80 Prozent der Maschinen und Materialien abtransportiert, doch nach wiederholten Appellen der Stadt und der Landesregierung stoppte die SMAD die Demontage der Anlagen am 10. Oktober. Mit dem Fischkutter GUSTAV SOBOTTKA lief zudem in Warnemünde am 22. Oktober erstmals seit dem Krieg wieder ein Schiff vom Stapel. Aus der verstaatlichten Krögerwerft sollte später die Warnowwerft hervorgehen.

Ende Oktober bis Anfang November veranstaltete der Kulturbund eine sogenannte Woche der Kultur. Den Auftakt am 27. Oktober bildete eine Aufführung von Lessings „Nathan der Weise“ mit dem berühmten Berliner Schauspieler Paul Wegener in der Hauptrolle. Am folgenden Tag eröffnete das städtische Museum eine Ausstellung mit Kunstwerken Ernst Barlachs. Bis zum 4. November folgten Vorträge, Konzerte und Tanzabende.

Anordnung
Rostock, 3. Oktober 1945
Druck: Hinstorff
Rostock, Kulturhistorisches
Museum V 4786

Zurück in den Klassenraum

Die Kinder sollten von der Straße. Bereits im Juni hatte die Stadtverwaltung beim russischen Kommandanten um die Erlaubnis gebeten, die Volksschulen wieder öffnen zu dürfen. Es drohe die Verwahrlosung der Jugend. Kinder beteiligten sich an Plünderungen und streiften durch die Ruinen der Stadt. Die zahlreichen Überreste eines abrupt beendeten Krieges bargen zudem ein großes Risiko. Beim Spielen mit zurückgelassenem Kriegsgerät kam es im Sommer zu mehreren Todesfällen in Rostock und Umgebung.

Die sowjetische Kommandantur wartete zunächst auf die Genehmigung aus Schwerin und Moskau. In der Stadtverwaltung bereitete man indes weiter die Öffnung der Schulen vor. 1400 Schulbänke mussten aus Außenlagern und Behelfsschulen auf dem Land zurückgeholt werden. Aus vorhandenen Lehrbüchern wurden ideologisch problematische Seiten entfernt, zudem kaufte man altes Unterrichtsmaterial aus der Zeit vor 1933 an. Zahlreiche Gebäude mussten wieder in Stand gebracht werden. Die St. Georg-Schule diente noch als Auffanglager für Geflüchtete, die untere Etage der Borwinschule war von sowjetischen Soldaten besetzt. In der Goetheschule befanden sich ein Lazarett und eine sowjetische Garnison.

Für 10674 Schülerinnen und Schüler begann am 1. Okober in Rostock der Unterricht. 306 Lehrkräfte standen für 241 Volksschulklassen, 24 Mittelschulklassen und 48 Klassen der höheren Schulen zur Verfügung.

Damit kehrte in den Alltag vieler Familien ein Stück Normalität zurück. Doch die Schulgebäude waren gerade im beginnenden Winter noch oft ungeheizt. Manche Klasse sammelte gemeinsam Holz zum Heizen, andere verlegten den Unterricht zeitweilig in private Wohnräume.

Aufführung von „Nathan der Weise“ im Stadttheater während der Rostocker Kulturwoche
Rostock, 27. Oktober 1945
Foto: Hans Arppe
Rostock, Kulturhistorisches Museum

Lessings Appell für religiöse Toleranz passte nicht in das antisemitische Weltbild der Nationalsozialisten. Sie belegten das Theaterstück mit einem Spielverbot und verbannten es aus dem Schulunterricht. 1945 wählten es viele deutsche Bühnen für ihre Wiedereröffnung aus, so erstmals das Theater in Dresden am 10. Juli. Auch das Deutsche Theater in Berlin wurde am 7. September mit „Nathan der Weise“ eröffnet. Die Hauptrolle übernahm der 70-jährige Paul Wegener. Für die Kulturwoche in Rostock gelang es, ihn als Nathan zu einem Gastspiel zu bewegen. Ebenfalls aus Berlin kam Kai Möller als Sultan Saladin. Die übrigen Rollen übernahm das Ensemble des Rostocker Theaters.

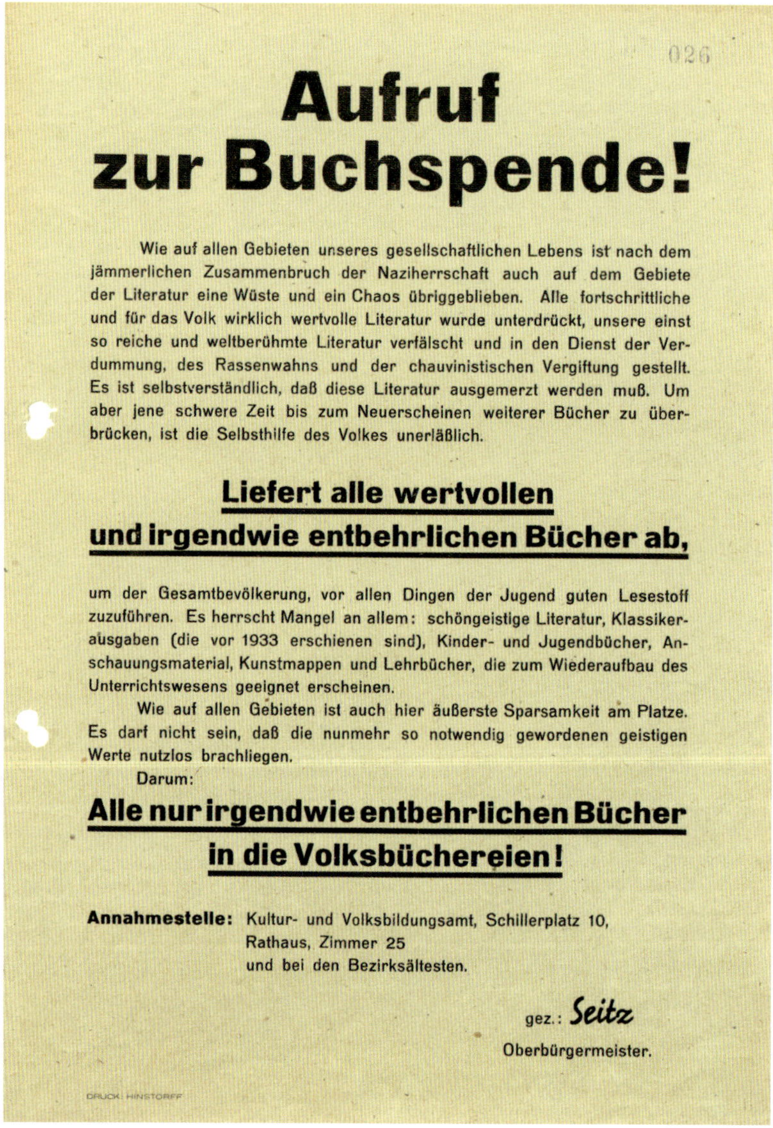

026

Aufruf zur Buchspende!

Wie auf allen Gebieten unseres gesellschaftlichen Lebens ist nach dem jämmerlichen Zusammenbruch der Naziherrschaft auch auf dem Gebiete der Literatur eine Wüste und ein Chaos übriggeblieben. Alle fortschrittliche und für das Volk wirklich wertvolle Literatur wurde unterdrückt, unsere einst so reiche und weltberühmte Literatur verfälscht und in den Dienst der Verdummung, des Rassenwahns und der chauvinistischen Vergiftung gestellt. Es ist selbstverständlich, daß diese Literatur ausgemerzt werden muß. Um aber jene schwere Zeit bis zum Neuerscheinen weiterer Bücher zu überbrücken, ist die Selbsthilfe des Volkes unerläßlich.

Liefert alle wertvollen
und irgendwie entbehrlichen Bücher ab,

um der Gesamtbevölkerung, vor allen Dingen der Jugend guten Lesestoff zuzuführen. Es herrscht Mangel an allem: schöngeistige Literatur, Klassikerausgaben (die vor 1933 erschienen sind), Kinder- und Jugendbücher, Anschauungsmaterial, Kunstmappen und Lehrbücher, die zum Wiederaufbau des Unterrichtswesens geeignet erscheinen.

Wie auf allen Gebieten ist auch hier äußerste Sparsamkeit am Platze. Es darf nicht sein, daß die nunmehr so notwendig gewordenen geistigen Werte nutzlos brachliegen.

Darum:

Alle nur irgendwie entbehrlichen Bücher
in die Volksbüchereien!

Annahmestelle: Kultur- und Volksbildungsamt, Schillerplatz 10,
Rathaus, Zimmer 25
und bei den Bezirksältesten.

gez.: Seitz
Oberbürgermeister.

DRUCK: HINSTORFF

Aufruf
Rostock, Oktober 1945
Druck: Hinstorff
Rostock, Stadtarchiv 2.1.0.83

Privatunterricht

Es wird darauf hingewiesen, daß die Erteilung von Privatunterricht aller Art ohne ausdrückliche Genehmigung der Landesverwaltung – Abteilung Kultur und Volksbildung – streng untersagt ist.
Zuwiderhandelnde machen sich strafbar.

Der Präsident
des Landes Mecklenburg-Vorpommern
Abt. Kultur und Volksbildung

Druckerei Nr. 1. 800.

Bekanntmachung
Schwerin, 1945
Druck
Rostock, Stadtarchiv 2.1.0.83

Schulbücher

Für die Eröffnung der Schulen werden dringend Schulbücher benötigt, die **vor 1933** in Gebrauch waren. Die Besitzer solcher Bücher werden gebeten, sie gegen angemessene Bezahlung bei den Bürgermeistern abzuliefern.

Der Präsident
des Landes Mecklenburg-Vorpommern
Abt. Kultur und Volksbildung

Druckerei Nr. 1. 800.

Bekanntmachung
Schwerin, 1945
Druck
Rostock, Stadtarchiv 2.1.0.83

24. Oktober 1945

Bericht über Karl Kröger
Rostock, Stadtarchiv: 2.1.0 - 224 Tätigkeit des Ausschusses zur Bereinigung der Wirtschaftsbetriebe

Der ehemalige Benzintankstellen-Besitzer am Mühlendamm 16, Pg. Kröger, hatte außerdem noch eine Holzhandlung in Broderstorf. Er selbst ist z.Zt. in Broderstorf wohnhaft, gehört der Partei seit 1933 an und zählt zu einem der übelsten Nazis und Kapitalisten Rostocks. Kröger hat, wie er auch selbst zugab, seine ukrainischen Ostarbeiter schlecht behandelt und geschlagen. [...] Kröger gehört zu den übelsten Nazi-Verbrechern und ist somit als Betriebsinhaber politisch unzuverlässig.

6. Oktober 1945

Obst und Gemüse auf dem Exerzierplatz – 1200 neue Kleingärten für Rostock
Volkszeitung vom 6. Oktober 1945

Hinter der Rostocker Gartenstadt liegt am Groß Schwaßer Weg auf der Feldmark des Gutes Barnstorf der große Exerzierplatz, auf dem in der Vergangenheit ein großer Teil der mecklenburgischen Jugend zum Kriegsdienst gedrillt wurde. Jetzt wird dieses Gelände friedlichen Zwecken nutzbar gemacht: Ein Stück des Exerzierplatzes wird wieder Ackerfläche, ein anderes mit dem schlechteren Boden wird in Anlehnung an das Barnstorfer Gehölz aufgeforstet. Auf dem größten Teil des Geländes aber werden Gärtnereien und Kleingartenkolonien mit zusammen 700 Dauerkleingärten von je 20 Quadratruthen der bislang brachliegenden Fläche ein neues, schöneres Gesicht geben.

5. Oktober 1945

Aus: **Schreiben des Präsidenten des Landes Mecklenburg Vorpommern / Abtl. Innere Verwaltung an alle Oberbürgermeister, Landräte und Gesundheitsämter**
Stadtarchiv Rostock: 2.3.2 - 454 Innere Verwaltung

Es häufen sich die Fälle, daß Schwestern und sonstiges ärztliches Hilfspersonal bei uns um anderen Einsatz nachsucht, weil es als ehemaliges Mitglied der N.S.D.A.P. aus dem bisherigen Dienst entlassen wurde. Die große Seuchengefahr erfordert von der Landesverwaltung unter allerschwierigsten Verhältnissen den Aufbau einer Abwehrorganisation mit allen verfügbaren Ärzten, Schwestern und sonstigem Hilfspersonal. Ein solcher Aufbau ist natürlich nicht durchzuführen, wenn in den einzelnen Orten weit über die Potsdamer Beschlüsse hinaus Entlassungen wegen ehemaliger Parteizugehörigkeit vorgenommen werden.

Der Weg aus dem Chaos – Wilhelm Pieck sprach zu den werktätigen Massen Rostocks / Bekenntnis Zehntausender zum Aktionsprogramm der KPD / Wuchtige Demonstration für die Einheit
Volkszeitung vom 28. Oktober 1945

Rostock, die größte Industriestadt Mecklenburgs, stand am Sonnabend im Zeichen einer wuchtigen Kundgebung, in welcher der Vorsitzende der Kommunistischen Partei Deutschlands, Genosse Wilhelm Pieck, vor Zehntausenden sprach. Die Straßen und Plätze der Stadt boten ein festliches Bild. Transparente mit Losungen für die Einheit aller Antifaschisten im Kampf gegen die Reste des Faschismus und für den Wiederaufbau der heimischen Wirtschaft brachten die starke Anteilnahme der gesamten Bevölkerung zum Ausdruck. Auch die Häuser und Fenster waren mit grün und Inschriften geschmückt.
Schon in den frühen Vormittagsstunden trafen aus den umliegenden Orten und Städten Delegationen der verschiedenen Betriebe ein, und schon lange vor Beginn der Kundgebung waren das Stadttheater, der Ufapalast, das Metropol-Theater wie auch der Hopfenmarkt, der Neue Markt und der Rosengarten mit Zehntausenden von Menschen gefüllt. Genosse Pieck wurde stürmisch begrüßt und die vom Stadttheater nach den anderen Versammlungsstätten übertragene Rede wiederholt von starkem Beifall unterbrochen. Die Betriebe Rostocks und der näheren Umgebung waren geschlossen zu den Übertragungsplätzen anmarschiert. Die Betriebsräte aller öffentlichen Betriebe hatten beim Oberbürgermeister Gesuche um Zulassung eines früheren Arbeitsschlusses eingereicht, um an der Kundgebung teilnehmen zu können. […]

Platz der Opfer des Faschismus in Rostock
Volkszeitung vom 26. Oktober 1945

Der am Steintor gelegene Teil des Rosengartens in Rostock soll als „Platz der Opfer des Faschismus" eingerichtet werden. Auf dem gärtnerisch würdig ausgestalteten Platz wird sich als Mahnmal ein Obelisk in massiver Ausführung erheben […].
Als erster Redner betonte Bürgermeister Kuphal, der heldenhafte Einsatz der Opfer des Faschismus und ihrer Angehörigen verpflichtet uns zu steter Dankbarkeit. Was an uns liegt, wollen wir tun, um den Hinterbliebenen unserer toten Helden den Weg zu ebnen zu einer neuen Zukunft. Wir werden die erforderlichen Mittel aufbringen, um ihnen eine gesicherte Existenz zu schaffen.

ES LEBE DER 28 JAHRESTAG
DER GROSSEN SOZIALISTISCHEN OKTOBER-REVO

November

Die Feierlichkeiten der Kulturwoche konnten nicht über die für die meisten Menschen angespannte Lage hinwegtäuschen. Der Winter stand bevor. Es fehlte an ausreichend Lebensmitteln, Kleidung, Brennholz. In einer großen Holzschlagaktion in der Rostocker Heide schafften alle verfügbaren Pferdefuhrwerke und Traktoren circa 200 000 Festmeter Holz in die Stadt. Dennoch blieb mancher Ofen kalt. Lastwagen, die Kohlen durch die Stadt fuhren, wurden regelmäßig von zahlreichen Kindern verfolgt, die auf herabfallende Briketts hofften.

Im Rahmen der Kulturwoche verlieh die Universität Rostock dem Schauspieler Paul Wegener die Ehrendoktorwürde. Wenig später hatte die Hochschule eine grundlegendere Personalentscheidung zu treffen. Am 28. November wurde der Chemiker Günther Rienäcker zum Rektor gewählt.

Auch in der Stadtverwaltung gab es einen bedeutenden Wechsel. In einem feierlichen Akt wurde am 25. November Rostocks neuer Oberbürgermeister Otto Kuphal vom Landespräsidenten Wilhelm Höcker in sein Amt eingeführt. Das bisherige Stadtoberhaupt Christoph Seitz sollte künftig als Bürgermeister von Schwerin tätig sein.

Losung zum 28. Jahrestag der Großen Sozialistischen Oktoberrevolution vor der Warnemünder Kirche
Warnemünde, 1945
Foto: Gernot Eschenburg
Rostock, Heimatmuseum Warnemünde WA/Z/3474

Rostock ohne Universität?

Die Zukunft der ältesten Universität Nordeuropas war ungewiss. Für zwölf Jahre hatte sie im Dienst der NS-Diktatur gestanden, hatte Rassentheorie in den Hörsälen gelehrt und für Rüstungsprojekte geforscht. 1945 befand sich vom wissenschaftlichen Personal und auch von den Studierenden nur noch ein Bruchteil in der Stadt. Viele Gebäude waren beschädigt oder beschlagnahmt.

Zunächst blieb die Universität Rostock geschlossen. Kurt Wacholder, seit 1944 Rektor, setzte sich energisch für eine rasche Wiedereröffnung ein. Seit Mitte Mai verhandelte er mit der Sowjetischen Militäradministration, berief den akademischen Senat und plante eine universitätsinterne Entnazifizierung – lange vor den offiziellen Anweisungen aus Schwerin.

Bereits am 15. Oktober konnte die Universitätsbibliothek als erste wissenschaftliche Bibliothek in Deutschland wieder einen Leihverkehr aufnehmen. Damit war eine erste wichtige Voraussetzung für den Universitätsbetrieb geschaffen. Die tatsächliche Wiedereröffnung verzögerte sich zunächst jedoch immer weiter. Zahlreiche Universitätsgebäude waren noch nicht benutzbar. Vor allem blieb die interne Entnazifizierung des Universitätspersonals nicht ohne offene Fragen. Etliche waren entlassen worden, doch auch viele der verbliebenen Mitarbeiter und Mitarbeiterinnen hatten einst der NSDAP angehört. Wer war dazu gezwungen worden? Wer als Spezialist für die künftige Lehre unverzichtbar?

Dazu kamen unklare Zuständigkeiten zwischen der Landesregierung, den sowjetischen Militärs in Schwerin und der obersten Militäradministration in Berlin. Am 28. November konnte mit Günther Rienäcker ein neuer Rektor gewählt werden, aber erst am 26. Februar 1946 wurde der Lehrbetrieb wieder aufgenommen.

Aufruf
an die Bevölkerung von Warnemünde!

Anläßlich des 28. Jahrestages der großen Sozialistischen Oktoberrevolution und des Gedenktages der Novemberrevolution 1918 wird die Warnemünder Bevölkerung aufgefordert,
ab 6. 11. 45, mittags 12 Uhr, bis 9. 11. 45 einschließlich zu flaggen.

Das rote Banner der Freiheit soll über Warnemünde wehen!

Die Stadtverwaltung Warnemünde.

Aufruf an die Bevölkerung von Warnemünde
Rostock, November 1945
Druck
Rostock, Kulturhistorisches Museum V 15673

Anläßlich des 9. November: Große gemeinsame
öffentl. Kundgebung
am Freitag, 9. 11., im großen Saal des Kurhauses, um 17 Uhr

Tages-Ordnung: Die Lehren des 9. November und welche Folgerungen aus diesem Mißlingen für die Gegenwart zu ziehen sind.

Referent: Der frühere Reichstagsabgeordnete **Albert Schulz-Rostock**

Volksgenossen erscheint in Massen!

Sozialdemokratische Partei | Kommunistische Partei | Christl.-Demokr. Union

Plakat anlässlich des 9. November
Rostock, November 1945
Druck: Emil Krakow
Rostock, Kulturhistorisches Museum V 15652

Aus: **Bericht des Ausschusses zur Bereinigung der Wirtschaftsbetriebe**
Stadtarchiv Rostock: 2.1.0 -224 Tätigkeit des Ausschusses zur Bereinigung der Wirtschaftsbetriebe

Herr Erwin Behrendt, Patriotischer Weg 70, zeigt an, daß bei dem Bäckermeister Sparrer, Stampfmüllerstraße auf dem Boden sich über 100 Pakete Kunsthonig und andere Lebensmittel versteckt befinden. Eine Angestellte von Sparrer hat ihm dies erzählt.

23. November 1945

Motorschiff Rostock–Schwaan
Die Volksstimme vom 8. November

Seit dem 29. Oktober fährt jeden Montag, Mittwoch und Sonnabend ein Schnellmotorschiff für Personen- und Frachtverkehr von Rostock nach Schwaan und abends zurück. Die Fahrtzeit über die 20 Kilometer beträgt etwa zwei Stunden, der Preis für die einfache Fahrt beläuft sich auf 1,50 RM. Es ist jeweils Platz für mehr als 100 Personen vorhanden. Die Abfahrt von Rostock-Schleuse, Mühlendamm an der Ober-Warnow erfolgt um 7:30, die Rückfahrt von Schwaan ab 15:00.

Da keine Eisenbahnverbindung zwischen Rostock und Schwaan besteht, wird der neue Schiffsverkehr stark begrüßt und lebhaft benutzt. Die Boote samt Anhänger sind regensicher und wurden nach Prüfung vom Wasserstraßenamt Rostock freigegeben.

Wozu Stromeinschränkungen – Und weshalb so unterschiedliche Sperrstunden
Volksstimme vom 24. November

Nachdem gleich vielen anderen Städten Warnemünde schon seit längerer Zeit strenge Vorschriften über den zulässigen Höchstverbrauch an Licht- und Kochstrom erlassen hatte, ist nun auch Rostock diesem Beispiel gefolgt. Freilich, Strom gespart werden musste auch bisher schon in Rostock, doch geschah dies in der Weise, daß je nach Notwendigkeit mehr oder weniger Stadtbezirke von der Stromzufuhr zeitweilig abgeschaltet wurden. Denn am Tage stehen der ganzen Stadt Rostock nur 3.000 Kilowatt Gesamtlast zur Verfügung. Wird die Last größer, dann entsteht ein Spannungsabfall, der viele Geräte und Maschinen zum Stillstand bringt. Die größte Belastung des Stromnetzes entsteht abends zwischen 18 und 21 Uhr, wenn in allen Häusern Licht gebrannt wird. Würde in dieser Zeit auch noch überall elektrisch geheizt oder gekocht, dann würde eine solche Überbelastung des Stromnetzes entstehen, daß es notwendig würde, viele Stadtgebiete gänzlich abzuschalten. […]

Um möglichst vielen Werktätigen abends wenigstens Licht zu geben, musste das Elektrizitätswerk die Benutzung aller Geräte verbieten, die viel Strom verbrauchen. Dieses Verbot muß sich auch auf die Tagesstunden erstrecken, da am Tage die Betriebe viel Kraftstrom beanspruchen. So wurden unter Androhung empfindlicher Strafen vom Oberbürgermeister folgende Maßnahmen angeordnet: Es ist verboten, elektrische Heizkörper, Sonnen o.ä. zu benutzen. Elektrische Herde dürfen nur mit einer Platte benutzt werden. Heißwasserspeicher dürfen nur in derZeit von 22 Uhr bis 6 Uhr morgens benutzt werden.

In jedem Beleuchtungskörper darf nur eine Glühlampe bis 60 Watt eingesetzt werden. Treppenbeleuchtungen, Reklamebeleuchtungen sind sofort abzuschalten.

12. November 1945

Aus: **Schreiben des Präsidenten des Landes Mecklenburg-Vorpommern / Abtl. Innere Verwaltung an die Herren Landräte, Oberbürgermeister, Herren Leiter der Gesundheitsämter**
Stadtarchiv Rostock: 2.3.2 - 454 Innere Verwaltung

Wegen der schweren Seuchenlage können Ärzte die Erlaubnis westwärts auszuwandern allgemein nicht erhalten. Ärzte die auswandern wollen, haben ein Gesuch zur Genehmigung der Landesverwaltung durch den Leiter des Gesundheitsamtes vorzulegen. Der Leiter des Gesundheitsamtes muss dem Gesuch eine Stellungnahme beifügen, insbesondere erklären, dass ausreichender Ersatz vorhanden ist. Die Gesundheitsämter wollen dies den Ärzten bekannt geben. Ebenso bezieht sich dies auch auf Ingenieure, Chemiker u. Spezialisten, die ihr Gesuch zur Genehmigung an die Landesverwaltung Abt. Wirtschaft einzureichen haben. “

Einladung

Die Kommunistische Partei, Ortsgr. Warnemünde

ladet sämtliche Genossinnen und Genossen nebst Frauen mit Kindern zur

Weihnachtsfeier

am Sonnabend, 22. Dezember, 14,30 Uhr, im Kurhaussaal

herzlich ein.

Im Anschluß an die Feier findet die Bescherung der Kinder bis zu 14 Jahren und eine Verlosung statt.

Um eine gerechte Verteilung der Geschenke durchzuführen, bitten wir um Ausfüllung des Fragebogens, der bis Dienstag, den 18. Dezember, auf der Geschäftsstelle der Partei (Ernst-Thälmannhaus, Bismarckstr. 5) abgegeben werden muß. Wir bitten um pünktliche Einhaltung dieser Frist.

EMIL KRAKOW WARNEMÜNDE

Eilt! Fragebogen für Kinder bis 14 Jahren Eilt!

	Name	Vorname	Alter		Name	Vorname	Alter
1.				6.			
2.				7.			
3.				8.			
4.				9.			
5.				10.			

Name der Eltern oder Pflegeeltern ....

Wohnort .... Straße .... Nr. ....

Bitte deutlich schreiben!

Dezember

Ab dem 1. Dezember fuhr die Rostocker Straßenbahn wieder regelmäßig. Bald nutzten sie 40 000 Menschen pro Tag. Auch vor dem Rathaus kehrte ein gewohntes Bild zurück. Den Bauern der Umgebung wurde erlaubt, ihre überschüssigen Waren zu verkaufen. Man wollte dem ausufernden Schwarzmarkt etwas entgegensetzen. Auf den ersten freien Markt ab 1. Dezember kamen Tausende. Neben landwirtschaftlichen Produkten wurden auch Drahtkörbe, Glühbirnen, Feuerzeuge und Gartengeräte verkauft.

Die Weihnachtstage 1945 sollten die ersten in Frieden nach sechs Jahren Krieg werden.

Manche Familien waren endlich wieder vereint, manche warteten in Ungewissheit auf Nachrichten vermisster Angehöriger. Für viele blieb es ein bescheidenes Fest. Selbst wenn auf dem Markt Weihnachtsbäume verkauft wurden, war die wirtschaftliche Lage doch immer noch sehr angespannt. Üppiges Essen oder gar reiche Geschenke waren für viele kaum denkbar. Davon zeugen auch zahlreiche Aufrufe zu Spielzeugsammlungen und Spendenaktionen in den Zeitungen.

Einladung zur Weihnachtsfeier der KPD, Ortsgruppe Warnemünde
Rostock, 1945
Druck
Rostock, Kulturhistorisches Museum V 15675

Sowjetische Soldaten während einer Brennholzaktion für die Rostocker Bevölkerung
Rostock, 1945/46
Fotograf unbekannt
Rostock, Kulturhistorisches Museum PH 2952

Repliken selbstgefertigten Weihnachtsschmucks
zum Weihnachtsfest 1945
Rostock, 1995
Holz, Stroh, Faden
Rostock, Kulturhistorisches Museum

Bilder einer Weihnachtsfeier
im Haus der Freundschaft
Rostock, Dezember 1945
Foto: Levermann-Westerholz
Rostock, Kulturhistorisches Museum
PH 2948 a,b; PH 2949

Ball
Rostock, 1945
Stoff
Rostock, Kulturhistorisches Museum
L 1903

Selbstgemaltes Kinderbuch
Rostock, 1945
Papier und Pappe
Rostock, Kulturhistorisches Museum
L 2406

An den Kauf von Weihnachtsgeschenken war in den allermeisten Familien kaum zu denken. Doch manche bereiteten ihren Kindern mit Selbstgefertigtem eine große Freude. In einer Warnemünder Familie wurden dieses handgemalte Kinderbuch und ein selbstgefertigtes Modell eines Motorrades verschenkt.

Handgefertigte Puppe „Brigitte“
Rostock, 1945
Stoff, Holzwolle, Hanf, Seide, Satin, Garn
Rostock, Kulturhistorisches Museum L 57

Selbstgefertigtes Modell eines Motorrades
Rostock, 1945
Metall, Gummi, Blech, Holz
Rostock, Kulturhistorisches Museum L 2405

24. Dezember 1945

Schreiben an die Betreuungsstelle „Opfer des Faschismus“!

Die gefertige, seit 1923 Mitglied der K.P.D, bis 1933 aktiv in der Partei tätig, nun chronisch krank, bettlägerig, hilflos, ohne jede Unterstützung, seit der russischen Befreiung, angewiesen auf die Mildtätigkeit der Verwandten, die selbst arm und mittellose Arbeiter sind, bittet höflich um Unterstützung mit Nahrungsmitteln und Heizung.
Dieselbe sollte noch am 27. April d.J. ins K.Z. verschleppt werden, konnte jedoch, weil krank, nicht mitgenommen werden. Der Sohn Erwin G., ebenfalls Genosse, der sie stets unterstützte, selbst oft wegen politischer Tätigkeit inhaftiert, schließlich bei der Aktion der Nazis im Neptunwerk doch ausgehoben und nach Güstrow Schloss transportiert, kann nicht mehr helfen, da er in Lazarett-Lüdenscheid darniederliegt. Die Bittstellerin hat Lebensmittelkarte „für sonstige“ (69) und hungert.
In der letzten Hoffnung, dass diese meine Bitte nicht abgelehnt wird

Erna G., Bleicherstraße

Friedensweihnacht 1945
Aus: Erinnerungsbericht von Horst. K. Kulturhistorisches Museum Rostock V 20194

Unter unserem Tannenbaum lag für mich ein Pferd mit Wagen. Der Wagen hatte vier starre Räder aus einfachen Holzscheiben. Der Wagenkasten war einmal eine Munitionskiste. In seinem Inneren waren noch die vertieften Einsätze für die Patronen zu sehen.
Aber ich war glücklich.
Sehr gefreut habe ich mich auch über eine Ski-Jacke. Hierfür hatte meine Großmutter einen Mantel geopfert. Der Stoff wurde gewendet und eine Näherin hat daraus die Jacke geschneidert. Aus den Stoffresten nähte mir „Hut-Allwardt“ in der Blutstraße eine Ski-Mütze.
Zum Ensemble gehörten natürlich noch Handschuhe. Die Fausthandschuhe hatte meine Oma aus Wollresten gestrickt. […]
War ich glücklich!

Weihnachtsgeschenke 1945
Aus: Erinnerungsbericht von I. M., Kulturhistorisches Museum Rostock V 20196

In unserer Familie (3 Stammler, 2 Ausgebombte, 3 Flüchtlinge, alles Frauen u. Kinder) war ich die einzige Erwachsene, die ein Geschenk bekam. Es war etwas sehr kostbares. Eine Freundin brachte mir – als Honorar für Latein-Nachhilfe – 12 selbstgeklaute Briketts. Für unsere beiden Vorschulkinder bastelten wir aus Holzresten eine tolle Eisenbahn und einige Lumpenpüppchen. Zu einem Weihnachtsbraten kamen wir ganz zufällig. Eine von uns hatte Arbeitskollegen beim Zerteilen eines (geklauten) Schweines überrascht, spät abends in der Autowerkstatt. Als „Schweigegeld“ bekam sie den Schweinekopf, der dann zu diversen Mahlzeiten verarbeitet wurde.

Friedensweihnacht 1945
Aus: Erinnerungsbericht von Selma K.
Kulturhistorisches Museum Rostock V 20195

Mit meinem Töchterchen lebte ich in der Wohnung meiner Schwiegereltern. Und zwar in Rostock in der Augustenstraße. Sie waren beide schon weit über 70 Jahre alt. An die Zeit vom Ende des 2. Weltkrieges bis Weihnachten erinnere ich kaum, womit die Zeit vergangen ist. Aber wenn ich erfuhr, daß irgendwo in der Stadt ein ehemaliger Soldat heimgekehrt war, ging ich zu ihm, um zu fragen, ob er im Osten gewesen ist und ob er meinen Mann getroffen hat. Dieser Weg hatte nie Erfolg, aber es hätte ja sein können. Wir wußten ja nicht einmal, ob unser Soldat am Leben geblieben war oder ob er sich in Gefangenschaft befindet. Mit diesen trüben Gedanken erlebten meine Schwiegereltern und ich den 24. Dezember.
Ein wenig Freude hatten wir aber dennoch. Zum 24. Dezember hat die kleine Marianne ihren dritten Zahn bekommen und zum ersten Mal allein gestanden, ohne sich festzuhalten.
11 Monate war sie damals alt. Ihr Vati hat gerade noch von ihrer Geburt zum 1. Februar Nachricht erhalten, aber zurück kam keine Antwort. Den Erhalt der freudigen Benachrichtigung bestätigte er bei seiner Rückkehr 1947.

Um die Weihnachtstage ein wenig festlich zu gestalten, hat meine Schwiegermutter eine Kartoffelrolle gebacken und ich habe Ersatzmarzipan hergestellt. [...]
Abends haben wir die Weihnachtstage mit den übrigen Familienmitgliedern, die im Hause zusammen wohnten, zusammengesessen und Punsch von Holunderbeeren getrunken. Diese hatten wir im Herbst gepflückt, mit wenig Zucker Saft gekocht und heiß in Flaschen gefüllt.

An diesem Weihnachtsabend hat mein Schwiegervater aus den Werken Fritz Reuters vorgelesen. Das hat er übrigens an vielen Sommerabenden des Jahres 1945 getan. So konnten wir eigentlich zufrieden sein. Wir waren alle gesund und hatten ein Dach über dem Kopf. [...]

Wendländer Schilde

Ein Jahr endet

Mit dem Dezember 1945 schließt die Ausstellung. Doch selten orientiert sich Geschichte an den Grenzen des Kalenders. Rostock befand sich inmitten einer ungewissen Entwicklung, die am 31. Dezember keineswegs endete. Die Versorgung blieb kritisch. 1946 wurde als Hungerjahr bekannt, die Gefahr von Seuchen war nicht gebannt und an einen geregelten Wohnungsbau in der überfüllten Stadt konnte noch lange nicht gedacht werden.

Trotzdem hatte Rostock in den sieben Monaten seit Kriegsende einen beachtlichen Wandel erfahren. Das wirtschaftliche und kulturelle Leben war vorsichtig zurückgekehrt und der Weg in die demokratische Selbstverwaltung schien geebnet. Es mehrten sich allerdings die Zeichen, dass der politische Einfluss der KPD und der Führung aus Moskau nicht verhandelbar sein würden. In den Gefängnissen und Lagern saßen längst nicht nur ehemalige Nationalsozialisten, sondern auch etliche Kritiker der kommunistischen Verwaltung oder der sowjetischen Administration.

Trotz Widerstands in der Mecklenburger SPD erfolgte im März 1946 der Zusammenschluss mit der KPD auch auf kommunaler Ebene. Die neue Einheitspartei SED dominierte wie erwartet bei den Kommunalwahlen im September. Der gewählte Bürgermeister Albert Schulz wehrte sich jedoch bald gegen externe Eingriffe in die Stadtpolitik, wurde 1947 für mehrere Monate verhaftet und 1949 schließlich aus dem Amt gedrängt. Immer offener verfolgte man nun auch in Rostock politische Gegner. So wurde der Student Arno Esch wegen seiner politischen Arbeit für die Liberale Partei 1949 verhaftet und 1951 in Moskau ermordet.

Die Rolle, welche die Region in der Planwirtschaft der DDR spielen sollte, zeichnete sich bereits deutlich ab. Die Flugzeugwerke von Heinkel und Arado sowie die Neptunwerft hatten über 4500 gut ausgebildete Metallarbeiter hinterlassen. Sie bildeten eine wichtige Grundlage für den Ausbau Rostocks zu einem Zentrum maritimer Industrie, welche die Stadt bis 1989 rasant wachsen ließ.

Brauergasse
Rostock, um 1945
Fotograf unbekannt
Rostock, Stadtarchiv 3.02. 3.

Konzeption und Texte:	Ullrich Klein Morten Beckman
Ausstellungsgestaltung:	fachwerkler – Unternehmensgruppe für Konzeption, Architektur und Design | www.fachwerkler.de
Aufbau und Umsetzung:	projekt rk GmbH & Co KG, www.projektrk.de; Archimedix GmbH Co KG, www.archimedix.de Henry Just Jörg Nesemann Brigitte Reichel
Restauratorische Betreuung:	Brigitte Reichel
Museumspädagogik:	Helena Ruff Katja Rudl-Wiechmann
Leihgaben:	Heimatmuseum Warnemünde Max-Samuel-Haus
Abbildungen und Reproduktionen:	Kulturhistorisches Museum Rostock Stadtarchiv Rostock Heimatmuseum Warnemünde Bildarchiv Foto Marburg VG-Ostseeschifffahrtsarchiv bpk/Deutsches Historisches Museum Max-Samuel-Haus
Filmproduktion:	Bert Scharffenberg Ekkard Bäuerle
Wir danken:	der OSTSEE-ZEITUNG und der CJD Christophorusschule Rostock für die freundliche Unterstützung dieser Ausstellung

Liebe Leserin, lieber Leser! Wie hat Ihnen die Lektüre gefallen?
Bewerten Sie uns im Internet!

Die Deutsche Bibliothek verzeichnet diese Publikation in der Deutschen Nationalbibliografie, detaillierte bibliografische Daten sind im Internet über www.dnb.de abrufbar.

Lagerstraße 7, 18055 Rostock
Tel. 0381/4969-0, post@hinstorff.de
www.hinstorff.de

1. Auflage 2025
Herausgeberin: Hanse- und Universitätsstadt Rostock,
Presse- und Informationsstelle
Herstellung: Hinstorff Verlag GmbH
Lektorat: Thomas Gallien
Layout: Madeleine Hartwig
Druck und Bindung: Druckerei Weidner Nachfolger GmbH
Printed in Germany
ISBN 978-3-356-02537-8

Hanse- und Universitätsstadt
ROSTOCK